Contents

初優勝、そしてリーグ王者に！

歓喜の瞬間

2017シーズン、信濃グランセローズは
2季目の指揮官・本西厚博監督のもと
西地区後期優勝を果たし、球団創設11年目にして悲願の初Vを成し遂げた。
続くプレーオフでは西地区前期優勝の富山、東地区王者の群馬を相次いで下し、
リーグチャンピオンの座に上りつめた。
１シーズンで3度の「優勝」──
真っ赤な紙テープの波が押し寄せたグラウンドで、
幾度となく宙を舞う監督。
チームとファンは歓喜の瞬間を分かち合った。

表紙写真：信濃グランセローズの西地区後期優勝が決定し、胴上げされる本西監督（2017年9月2日・小諸市南城公園野球場）

ADVANCE-West（西地区）後期優勝
2017.9.2　vs福井 9-0
（小諸市南城公園野球場）

願の初V!

悲

TEAM 一 二 三 四 五 六 七 八 九 十 計
富山 2 0 0 0 0 0 1 0 0 3
信濃 0 0 2 0 1 1 0 0 x 4
前払い できるくん
ルートインホテルズ
asics BASEBALL
Clubセローズ81
優勝

地区優勝!

プレーオフ・地区チャンピオンシップ
vs富山（西地区前期優勝）第2戦
2017.9.18 4-3（長野県営野球場）

2戦2勝で

プレーオフ・BCリーグチャンピオンシップ
vs群馬（東地区優勝）第5戦
2017.10.2　4-3（前橋市民球場）

ン、リーグ優勝

ルートインBCL
前払い
できるくん
PRESENTS
2017 CHAMPION SHIP SERIES
CHAMPIONS
¥2,000,000
ROUTE INN
BCL

東の王者を下

2017激闘の記録

前期

球団記録の11連勝、あと一歩で優勝を逃すも「後期は勝つ」確かな手応えをつかんだ

10年間一度も優勝経験がないまま迎えた11年目のシーズンは、初優勝への大きな期待をもって始まったとは言い難い。昨季11勝の門中と7勝の有斗が退団、セットアッパーの笠井が横浜DeNAに移籍し、実績のある投手が一人もいない状態だった。しかし、2年目の指揮官・本西監督だけはキャンプから手応えを感じていた。優勝のために必要と考えた選手を、自ら動いて獲得してきたからだ。

開幕戦は佐々木、2戦目はロンの先発で勝利するも3戦目は黒星。4月は一進一退で辛うじて6勝5敗と勝ち越すが、負けた相手はすべて西地区で、福井には3連敗を喫した。さらに5月10日から巨人3軍、富山を相手に4連敗。順位は地区4位まで落ちた。

これ以上負けられない。崖っぷちの5月19日、それまで中継ぎで結果を残していた高井が初めて先発マウンドに立った。相手は一度も勝てていない首位富山。一回を3人で抑えると、その裏、打線が4点を先制。高井は二回以降も快調に投げ、終わってみれば無四死球1安打完封。打線は効果的に点を取り7－0で快勝した。ここからチーム記録を塗り替える11連勝が始まる。翌20日は滋賀相手に樫尾が先発として初勝利、21日は石川相手にロンで3連勝。高井は27日の石川戦でも完封し、誰もがその力を認める若きエースとなった。

6月7日富山戦勝利で10連勝、ついに信濃は首位に立ちM（マジックナンバー）5が点灯。翌8日の11連勝でM4。誰もが前期優勝を視界にとらえたと思ったとき、連勝が止まり3連敗。1ゲーム差で富山に前期優勝を奪われた。しかし半期で21勝はチーム史上初の快挙。首脳陣は確かな手応えを感じていた。

開幕2連勝！

4/9
vs福島 3-0（オリスタ）
前日のシーズン開幕戦（vs石川、金沢市民）を7－5で勝利し、迎えたホーム開幕戦は先発ロン（=写真）－先生－山﨑と零封リレー。開幕2連勝を飾った

試合結果　前期21勝14敗0分

4月

○8日（土）7－5 vs石川（金沢市民）
0－3で迎えた六回表に5得点し逆転。先発・佐々木から4投手の継投で逃げ切り、2年ぶりの白星発進。

○9日（日）3－0 vs福島（オリスタ）
ライ、中川の1・2番コンビが適時打。ロン、先生、山﨑のリレーで福島打線を零封し、開幕2連勝。

●14日（金）5－6 vs石川（長野県営）
先発・バンバンが4回で降板、続く高井も3点本塁打を喫し5点を追う展開。打線が粘り1点差に追い上げ。

○15日（土）3－1 vs滋賀（松本）
信濃・佐々木と滋賀・鈴木の投手戦。信濃は四球や犠打、盗塁でチャンスを広げ、3安打で3点を奪う。

●16日（日）3－6 vs富山（高岡西部）
三回表に信濃が2点を先制するが、四回裏の富山の攻撃で失策がからみ無死満塁のピンチから逆転を許す。

○20日（木）9－4 vs滋賀（湖東）
昨年首位打者、打線の3番に座る森田がこの日4打数2安打4打点。ここまで通算4勝2敗で西地区単独首位。

○21日（金）15－0 vs石川（上田）
信濃は計15安打で15点を奪う。5番・新村、6番・DH大平の2人が各5打点、先発・佐々木が3勝目。

●22日（土）7－10 vs福井（美浜）
六回裏福井の攻撃、信濃は先発のロンから高井、樫尾、先生が登板するも抑えられず5得点を許す。地区2位に後退。

●27日（木）1－2 vs福井（諏訪湖）
両投手陣の投げ合いで1－1のまま迎えた延長十一回、信濃は4番手の山﨑がソロ本塁打を浴び勝ち越しを許す。

●29日（土）0－1x vs福井（フェニスタ）
先発・佐々木は完投目前の九回裏、自らピンチを招きサヨナラ負け。福井に再び競り負け、信濃は今季初・貯金ゼロに。

○30日（日）15－3 vs滋賀（伊那）
信濃は三回に中軸の連打で5得点、七回はライの3点本塁打を含む打者一巡の猛攻で5得点と、計17安打15得点。

5月

○3日（水）6x－5 vs福井（オリスタ）
5－5の延長十回裏、2死満塁のチャンスで中川の打席、カウント2－2から三走の小林がホームスチールを決めサヨナラ勝ち。

●5日（金）1－5 vs新潟（小諸）
信濃打線は新潟のトルスを攻略できず、6安打でわずか1得点。僅差で競りながら、失策がらみで失点したことも痛かった。

●6日（土）5－10 vs巨人3軍（中野）
序盤の二回に9失点。信濃は森田、柴田が今季1号本塁打を放つも、失点が多すぎた。地区3位に後退。

○7日（日）10－8 vs巨人3軍（綿半飯田）
信濃は三回に打線がつながり一挙5得点。両チーム計30安打、投手陣に不安も残す。地区2位浮上。

●10日（水）5－8 vs巨人3軍（ジャイアンツ）
西田、ジェウディーが1号ソロ本塁打。得点すれば直後に失点で、終始劣勢の苦しい展開。終盤の追い上げも及ばず。

●12日（金）1－12 vs富山（長野県営）
首位を走る富山に大敗。8勝9敗と信濃は今季初の借金を背負い、首位とは2.5ゲーム差の3位。

●14日（日）0－9 vs富山（城光寺）
先発ロン、続くモンテーロ、バンバンも富山打線の勢いを止められず。信濃打線はわずか2安打で完封負け。

最後はホームスチールでサヨナラ勝ち!

5/3

vs福井 6x-5(オリスタ)

延長十回裏、信濃は2死満塁のチャンスを得ると、続く中川の打席でカウント2-2から代走の三走・小林がホームスチールを決める

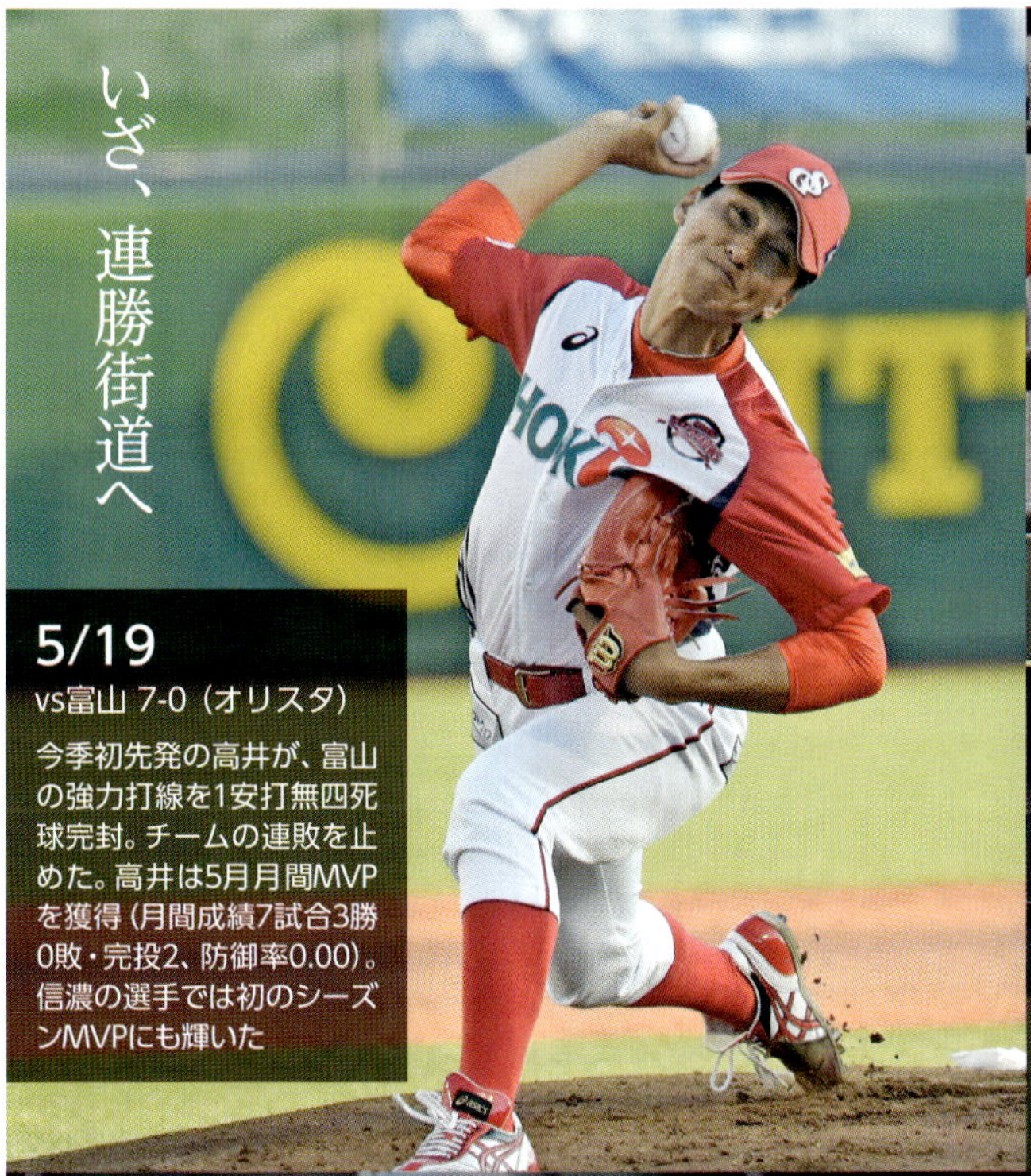

いざ、連勝街道へ

5/19

vs富山 7-0(オリスタ)

今季初先発の高井が、富山の強力打線を1安打無四死球完封。チームの連敗を止めた。高井は5月月間MVPを獲得(月間成績7試合3勝0敗・完投2、防御率0.00)。信濃の選手では初のシーズンMVPにも輝いた

首位富山に連勝、1.5差に

6/3

vs富山 11-9(松本)

信濃は序盤二回までに6-1とリードを得るが、中盤追い上げを許す。6-6の同点に追いつかれた七回直後の攻撃、柴田の適時三塁打と船﨑(=写真)の犠飛で4点を勝ち越す。首位と1.5差に!

連敗…6月7日から点灯の信濃のM消滅

6/11

vs福井 4-12(中野)

四回、柴田が2点本塁打を放ち3-2とするが、直後に6失点。11連勝で「M4」としていた信濃は、前日10日とこの日の連敗でMが消滅。代わって首位の富山にM2が点灯した

●15日(月) 3-5 vs巨人3軍(オリスタ)
先発樫尾が三回に3失点。その後も五、六回にミスもからみ追加点を許す。4連敗で首位富山と4ゲーム差の地区4位に後退。

○19日(金) 7-0 vs富山(オリスタ)
チーム打率リーグ1の富山打線を、今季初先発の高井が1安打無四死球完封。打線も初回に先制、理想的な展開で快勝。

○20日(土) 5-1 vs滋賀(松本)
森田の2点本塁打、ジェウディーのソロ本塁打2本で計4点。先発樫尾は八回まで無失点、最後は山﨑で締めた。

○21日(日) 7-2 vs石川(上田)
4番大平が4打数3安打3打点。先発ロンは5回2/3を無失点で3勝目。今季初の3連勝で5月10日以来の勝率5割に戻す。

○27日(土) 2-0 vs石川(金沢市民)
先発高井が石川打線を3安打に抑え、2試合連続の完封勝利で3勝目。首位富山と3・5ゲーム差で2位浮上。

○28日(日) 12-3 vs滋賀(甲賀)
0-1で迎えた五回表、信濃は無死満塁から中川の適時三塁打など計6安打で一挙6得点し逆転に成功。先発樫尾は7回3失点で3勝目。

6月

○2日(金) 7-4 vs富山(長野県営)
信濃は四回、新村の1号2点本塁打で先制。先発高井は六回途中で降板も、先生・山﨑の継投で逃げ切る。首位富山と2・5差に詰める。

○3日(土) 11-9 vs富山(松本)
6-6の同点に追いつかれた七回直後の攻撃、柴田の適時三塁打と船﨑の犠飛で4点を勝ち越す。今季初の貯金4で首位と1・5差!

○4日(日) 5-3 vs石川(金沢市民)
0-2で追う信濃は五回に1点を返し、続く六回に4得点し逆転。先発ロンが6回3失点で4勝目、山﨑は8セーブ目。

○5日(月) 7-3 vs滋賀(湖東)
先発バンバンを救援した2番手の浅見が3勝目。2007年に達成した球団記録に並ぶ9連勝、首位との差を0・5に詰める。

○7日(水) 2-0 vs富山(高岡西部)
強力富山打線を相手に高井が5勝目、先生-山﨑と2安打零封リレー。首位を奪還した信濃に「M5」点灯。

○8日(木) 10-3 vs滋賀(守山市民)
初回、中川が捕手のタッチをかわす本塁好走で先制し、5得点の火付け役に。二回も4得点で序盤に集中打。11連勝で「M4」に。

●10日(土) 1-8 vs福井(丹南)
初回、失策がからみ計4失点。信濃打線は七回、柴田の右前適時打で1点を返すが散発4安打で連勝止まる。信濃は「M4」のまま2位に後退。

●11日(日) 4-12 vs福井(中野)
0-3で追う四回、柴田の2点本塁打で1点差に詰め寄るが直後に6失点で突き放される。信濃は連敗でM消滅、首位富山にM2点灯。

●16日(金) 2-5 vs栃木(栃木県営)
先発高井が4回までに9安打3失点で降板、痛恨の3連敗で富山がM1。信濃逆転優勝の可能性は信濃2勝・富山2敗の場合のみに。

○17日(土) 13-1 vs武蔵(熊谷)
信濃打線は計17安打13点、樫尾が5安打1失点で完投し5勝目をあげたが、同日富山が滋賀に勝利し前期Vを決められる。

○18日(日) 8-3 vs群馬(城南)
3-3から七回に信濃は2点を勝ち越し、九回にダメ押しの3点を追加。信濃先発ロンが5勝目、前期最終戦を白星で飾った。

後期

高いレベルで富山とデッドヒート 最後は圧倒的な強さで駆け上がった

後期は黒星スタートとなった。7月序盤に3連勝するも中盤には4連敗。7月15日時点で借金2、首位富山とは3ゲーム差の4位。ここで苦しい連敗を止めたのは、左のエース樫尾だった。そして、そこから5連勝。やはり前期11連勝の強さは本物だと感じさせつつ、後期の快進撃が始まった。7月22日の福井戦では、六回までに6点を取られたものの、八回に打者12人の猛攻で8点を奪い逆転勝ち。7月27日の石川戦では、高井、先生、浅見、山﨑の投手リレーと、後期先発2試合目の小林の初本塁打などでシーソーゲームを制した。そしてここから再び5連勝で、富山をとらえ首位に立つ。

8月5日の福井戦勝利で前後期通算36勝、球団記録を更新した。6日の富山戦では3本塁打を浴びながらもジェウディーの2点本塁打、大平の適時打などで勝ち越し、最後の2回を山﨑が締めて8-6で競り勝つ。8月中盤の2連敗で一度は2位に下がったが、ずるずると負け続ける心配は要らなかった。西地区は富山と信濃の二強によるデッドヒートが続き、しかも8月中盤まで対富山戦は通算6勝6敗と五分の戦い。選手は苦手意識を持つことなく、「富山にも勝てる」という大きな自信を手にしていた。

8月13日の滋賀戦勝利から、最終戦まで10連勝。前期優勝の富山にも2連勝して勝ち越し、マジック点灯後も足踏みすることなく頂点に駆け上がった。終わってみれば貯金16、勝率7割2分2厘、2位富山に3ゲームの差をつける圧倒的な強さ。「投手を中心に守り勝つ」「機動力で1点を取る」という本西監督の野球を、チームは見事に体現した。

チームの守備を支えた遊撃手、西田

シーズン通して中継ぎとして活躍した先生（上）と浅見（下）

試合結果　後期26勝10敗0分

6月

●24日（土）1-2 vs群馬（オリスタ）
開幕投手を任された樫尾が2失点完投、五回以降は2安打に抑え味方の援護を待ったが、打線が好機を生かせず。

○30日（金）6-3 vs福井（フェニスタ）
2-2で迎えた四回、連打と四球で得た無死満塁のチャンスで西田が2点適時打、永富が犠飛で3点を勝ち越し。

7月

●2日（日）8-11 vs石川（伊那）
三回、守備の乱れもあり2死から計5失点、先発樫尾は四回までに9失点で降板。森田と大平の2ランなどで反撃も及ばず。

○6日（木）15-1 vs石川（金沢市民）
初回に船﨑の2点本塁打で先制。四回に3得点、五回に5得点と、以降も攻撃の手を緩めず計17安打2桁得点で大勝。

○7日（金）6-0 vs石川（金沢市民）
五回まで0-0の投手戦。信濃は六回に西田の右前適時打で2点先制、続く七回に4得点。先発高井は5安打完封、チームトップの7勝目。

○8日（土）15-4 vs石川（中野）
船﨑が2号2ラン、3号3ランを含む4安打6打点の活躍。ジェウディー、森田もソロ本塁打など打線が計17安打と爆発。

●9日（日）4-8 vs石川（金沢市民）
7日に新入団のドミニカ出身左腕、ペレスが初先発するが3四死球や暴投などで1回1/3で降板。リリーフ陣も序盤のリードを守れず。

●12日（水）4-8 vs富山（城光寺）
初回、2死満塁から大平の適時二塁打で2点を先制。だが三回に先発ロンが4点を失い逆転を許す。後期通算4勝4敗、地区2位。

●14日（金）3-5 vs福井（長野県営）
0-2から七回に1点、九回に1点を返し土壇場で同点に追いつくが、延長十一回に3点を勝ち越された。後期4勝5敗、4位に後退。

●15日（土）2-4 vs富山（城光寺）
初回、先発仲野が1死一、二塁で適時二塁打と2点本塁打を浴び4点先制される。信濃は永富のソロ本塁打と柴田の適時打で2点どまり。

○16日（日）6-1 vs滋賀（守山市民）
信濃は小刻みに点を重ねてリードを広げる。雷雨で八回コールドとなったが、先発樫尾が6安打1失点で投げ抜き連敗ストップ。

○17日（月）5-4 vs富山（綿半飯田）
1回で降板した先発のペレスを名取が好リリーフ。続く二～五回を無失点で抑え、自身の今季初勝利を挙げた。信濃は連勝で2位浮上。

○19日（水）4-1 vs巨人3軍（ジャイアンツ）
二回、1死三塁から田島の中前適時打で先制。先発高井が8回1失点で8勝目、山﨑が12セーブ目。首位富山との差0.5に。

○21日（金）3-2 vs滋賀（長野県営）
1-2で迎えた七回、信濃は四球と犠打で1死二塁とし、ライの適時三塁打で同点、2死からジェウディーの内野安打で勝ち越し。

○22日（土）8-6 vs福井（三国）
0-6で敗戦濃厚かと思われた八回、信濃は打者12人の攻撃で一挙8得点し、鮮やかに逆転。5連勝で後期9勝6敗、貯金3に。

●23日（日）4-6 vs福井（松本）
信濃は5投手と野手14人を投入、総力戦も無念の敗戦。5試合連続登板の守護神・山﨑が九回に勝ち越しを許す。

○27日（木）6-5 vs石川（オリスタ）
1-1の同点から四回、小林が放った自身の入団後初本塁打が貴重な3ランとなり、勝ち越しに成功。

○28日（金）12-5 vs石川（諏訪湖）
前期終了後に群馬から移籍した仲野が3度目の先発で初勝利。信濃は勝率で2位、ゲーム差は首位富山と0に。

○29日（土）11-3 vs滋賀（諏訪湖）
三回、一挙8得点で試合を優位にすすめ、2日連続2桁得点。対滋賀戦は前期開幕から負けなしの10連勝。

〝滋賀キラー〟見参!

8/19
vs滋賀 11-1 (松本)
先発樫尾が8回1失点の好投、信濃打線は先発全員安打の計15安打11得点で3連勝。樫尾はシーズン通算でリーグトップの13勝をあげ、対滋賀戦は8勝1敗と相性の良さを見せた

直接対決を制し、首位浮上

8/21
vs富山 8-4 (松本)
1-1で迎えた六回、無死一塁からジェウディー(=写真)が勝ち越し2点本塁打で3-1。続く七回にも柴田、ジェウディーの連続適時打で3点を加えるなど終盤に追加点。先発高井は8回4安打1失点の好投

後期制覇!悲願の初V!

9/2 vs福井 9-0 (小諸)
8月30日、試合はなかった信濃だが、同日に富山が群馬に負けて「M1」に。優勝に王手をかけて挑んだ一戦は、樫尾-高井-山﨑が零封リレー。投打がかみ合い、まさにチーム一丸で後期優勝を決めた。悲願の初優勝、ホームでの監督胴上げの夢を叶えた

後期もラスト10連勝で有終の美

9/10
vs栃木 8-7 (中野)
最終試合も白星で、後期も最後は10連勝。先発樫尾を高井がリリーフ、ラスト八・九回は今季の絶対守護神として活躍した山﨑(=写真)が締め、リーグタイ記録にならぶ21S目。いざ、プレーオフへ!

8月

○30日(日) 6-1 vs福井(上田)
前期は控えだった田島や小林が連日打点を挙げる活躍。この7月、チームは12勝6敗と大きく勝ち越す。

○3日(木) 6-4 vs福井(フェニスタ)
1-1から三回、大平の3点本塁打で勝ち越し。後期2度目の5連勝、富山と勝率で並び首位タイに。

●4日(金) 3-9 vs石川(石川県立)
先発仲野が1回1/3で降板、序盤二回の6失点が響いた。ただ、同率首位で試合消化数の少ない富山の敗戦で、信濃が単独首位に。

○5日(土) 18-5 vs福井(丹南)
福井投手陣から四死球13と出塁チャンスをもらい、今季最多得点で大勝。前後期通算36勝、12年の35を上回り球団記録更新。

○6日(日) 8-6 vs富山(諏訪湖)
先発ロンが3本塁打を浴び三回途中で降板、1-5と4点リードされるが打線が粘って逆転。2位富山とのゲーム差を2.5に広げる。

●11日(金) 8-15 vs富山(県営富山)
初回にジェウディーの3点本塁打で先制したが、直後に先発高井が1回5失点で降板。リリーフ陣と合わせ三回までに14失点。

●12日(土) 5-6 vs滋賀(守山市民)
今季初めて滋賀に黒星。2点を追う七回、4-2と勝ち越しに成功するが直後に4失点。勝率で富山を下回り2位に後退。

○13日(日) 6-2 vs滋賀(守山市民)
先発ロンは9安打を許しながらも1失点の粘投。その後も、仲野-先生-山﨑の継投で1失点にとどめ連敗脱出。

○18日(金) 5-3 vs武蔵(オリスタ)
2-3から七回に同点に追いつくと、八回、1死一塁から大平が殊勲の勝ち越し2点本塁打。競り勝ち2連勝。

○19日(土) 11-1 vs滋賀(松本)
〝滋賀キラー〟樫尾が8回6安打1失点でチームトップの11勝目(うち8勝は滋賀から)。信濃後期19勝10敗、順位は2位が続く。

○20日(日) 9-1 vs滋賀(中野)
初回の4点先制後は六回までわずか1安打。七回に柴田とジェウディーの中軸2人による適時打でダメ押しの5点。後期20勝に到達。

○21日(月) 8-4 vs富山(松本)
11日富山戦の先発は悔しい降板となった高井がリベンジ。8回4安打1失点で11勝目。信濃がついに首位浮上!

○25日(金) 13-3 vs富山(高岡西部)
DH大平が初回3点本塁打を含む4安打6打点。2位富山との最終対決に大勝し首位を守る。先発樫尾が12勝目、高井-先生-山﨑とリレー。

○26日(土) 3-1 vs新潟(佐藤池)
先発ロンが7回1失点で10勝目。信濃は3ゲーム差首位をキープするが残りは3試合、2位富山が9試合。両者の競り合い続く。

○27日(日) 10-7 vs福島(南部)
両チーム12安打ずつの乱打戦を制す。2位富山が敗れ、ようやく信濃に後期優勝への「M(マジックナンバー)2」が点灯!

9月

○2日(土) 9-0 vs福井(小諸)
打線が先発全員安打と攻めれば、先発樫尾が7回7安打無失点と快投し高井-山﨑の豪華リレーで完封。選手一丸で悲願の初V!!

○10日(日) 8-7 vs栃木(中野)
先発高井が12勝目、山﨑がリーグタイ記録の21セーブ。後期通算26勝10敗と圧巻の勝率7割超え、最後は10連勝で有終の美。

地区チャンピオンシップ（以下、本文は「CS」）

リーグ戦の勢いそのままに 2連勝で富山を寄り切る

プレーオフの第一関門は、全3戦（2戦先勝）で地区優勝を決める地区CS。信濃は通期2位で進出した2012年以来2度目だったが、5年前と状況はまったく違う。後期は最終戦まで続く10連勝、うち対富山戦は2連勝という大きな自信を持って臨んだ。

9月16日の初戦は対富山戦4勝1敗の高井が先発。8回を1点で抑えると、打線は大平、森田、柴田、新村、ライ、小林らが躍動し5—1で快勝。18日の第2戦はホームゲーム（長野県営球場）。先発は樫尾。信濃は2点を先制されるも森田、大平の本塁打が飛び出すなど、富山のお株を奪う長打攻勢で勝ち越し、山﨑が最後2回をピシャリと締めて接戦を制した。

エースの好投、無失策の守備、つながる打線…リーグ戦終盤の勢いがそのまま結果につながった。

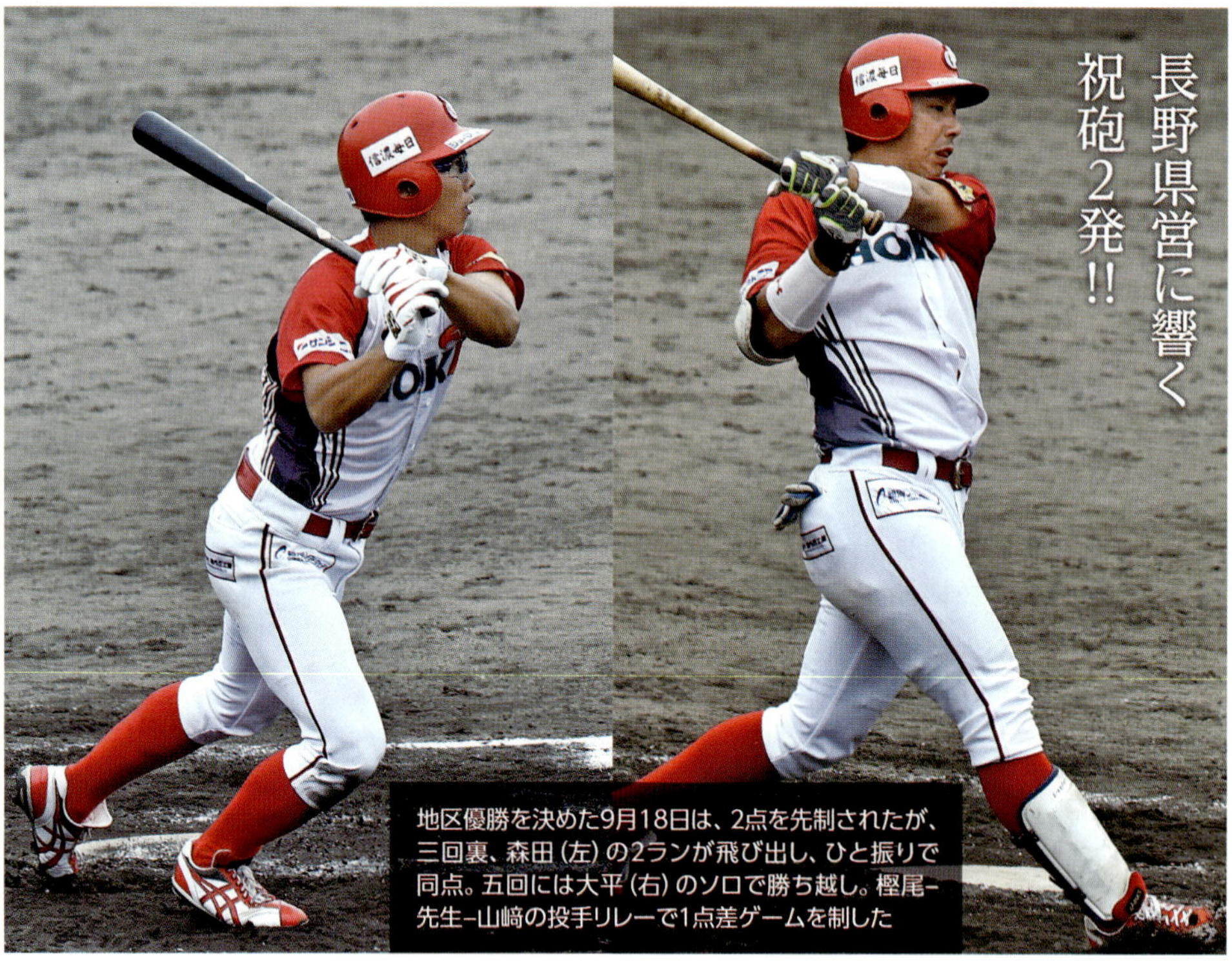

地区優勝を決めた9月18日は、2点を先制されたが、三回裏、森田（左）の2ランが飛び出し、ひと振りで同点。五回には大平（右）のソロで勝ち越し。樫尾—先生—山﨑の投手リレーで1点差ゲームを制した

試合結果

vs富山（西地区前期優勝）

9月16日（土）	○5-1（城光寺）
9月18日（月）	○4-3（長野県営）

日本独立リーグ・グランドチャンピオンシップ

緊迫した投手戦、無情の降雨コールド…

ルートインBCリーグと四国アイランドリーグplusの覇者が独立リーグ日本一の座を争う戦いは全5戦（3戦先勝）。相手は4度目の出場となる徳島インディゴソックスだ。最初の2戦をホーム（オリスタ）で、続く3戦がビジター（JAバンク徳島）となる。

10月7日の第1戦は樫尾が先発。先制を許すが、四回に小林、森田、柴田とつながる集中打で5点を奪って逆転、10—4と大勝した。第2戦は徳島のエース・伊藤翔に抑えられ、1—2で惜敗。星五分で徳島に乗り込んだ第3戦は先発の大蔵に完封を喫し、自慢の得点力は鳴りを潜めた。

特にこのシリーズは投手戦の様相だった。2日連続の雨天中止を挟んだ第4戦はロン—山﨑で零封し、八回、新村の適時打で1点をもぎ取り信濃が勝利。これで2勝2敗、勝負の行方は雨の中で行われた最終戦へと持ち込まれた。しかし、0—2と2点を追う信濃が六回表に1点を返し、これから反撃という矢先の降雨コールドで敗戦。あまりにも無情だった。これまで何度も逆転劇を演じてきただけに、悔しさの募る結末。もう一度ここへ—その気持ちを強く心に刻んだ。

試合結果　vs徳島（四国アイランドリーグ優勝）

10月7日（土）	○10-4（オリスタ）
10月8日（日）	●1-2（オリスタ）
10月14日（土）	●0-3（JAバンク徳島）
10月17日（火）	○1-0（JAバンク徳島）
10月18日（水）	●1-2（JAバンク徳島）※6回降雨コールド

BCリーグチャンピオンシップ

投手力で群馬の長打を抑え、機動力で点をもぎ取る勝利！

BCリーグCSは全5戦（3戦先勝）。相手は東地区を前後期制した群馬だ。前年には四国アイランドリーグ王者とのグランドCSも制した、"独立リーグ日本一"のディフェンディングチャンピオン。信濃にとってはまさに王者への挑戦である。

9月23日、中野市営野球場で迎えた初戦、群馬はまさに王者の強さを見せつけた。カラバイヨが驚異の3本塁打、永井、井野口にも打たれ、計6本塁打を含む10点を奪われて3－10。リーグ1位の73本塁打を誇る打線のすさまじさを見た。オリスタに戦場を変えた第2戦では、信濃の投手力、機動力、守備力が機能した。樫尾－山﨑で完封リレー、送りバントを併殺にする守備。四球や犠飛を絡め、3点を奪って勝利。まさに信濃の野球だった。その流れは3戦目にも続き、初戦で打たれた高井が8回1失点の好投でリベンジ。王手をかけて臨んだ第4戦は、6人の投手をつぎ込んだが3－10と大敗。ただ、この試合では抑えの山﨑を休ませることができた。

2勝2敗の五分で迎えた第5戦。ロンが先発し、5回を1失点に抑える。続いて中1日の高井が2回を零封。打線は永冨、ライの足を生かして4点を奪い、最後は山﨑が2点を奪われたものの1点差を守り切った。本西監督が目指した野球が結実した瞬間だった。

リーグ優勝にまっしぐら！ 最終戦で躍動する韋駄天《いだてん》、1番ライ

2勝2敗で迎えた最終戦、1番ライは三回と八回、先頭打者でヒットを放ち、3点目と4点目となるホームを踏んだ

先発も救援も―高井力投

初戦で敗戦投手となった高井は、第3戦でリベンジ。そして中1日で迎えた最終戦はリリーフ登板し、2回を無失点に抑え、山﨑につなげた

試合結果 vs群馬（東地区優勝）

9月23日（土）	●3-10（中野）
9月25日（月）	○3-0（オリスタ）
9月30日（土）	○3-1（前橋）
10月 1日（日）	●3-10（前橋）
10月 2日（月）	○4-3（前橋）

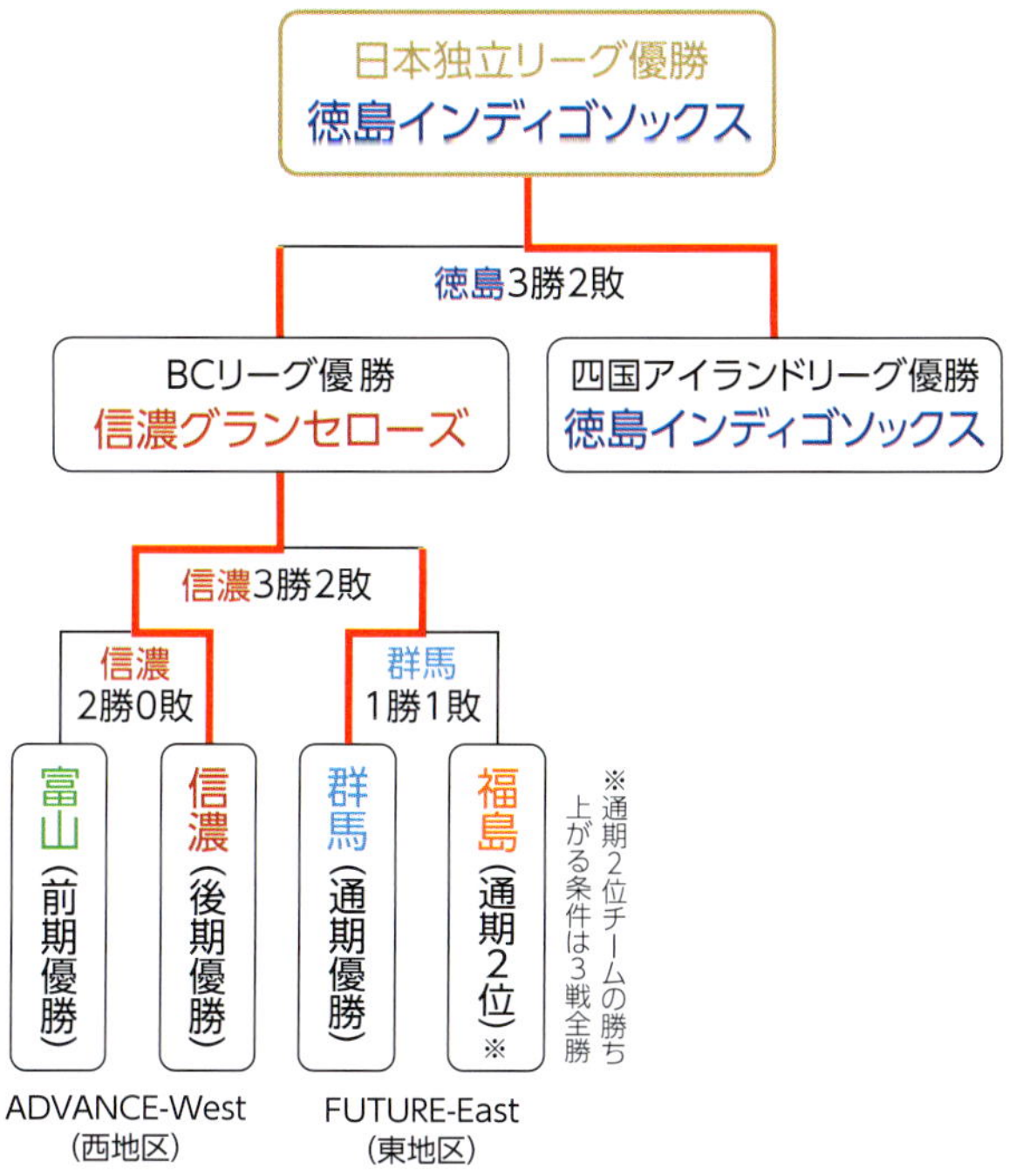

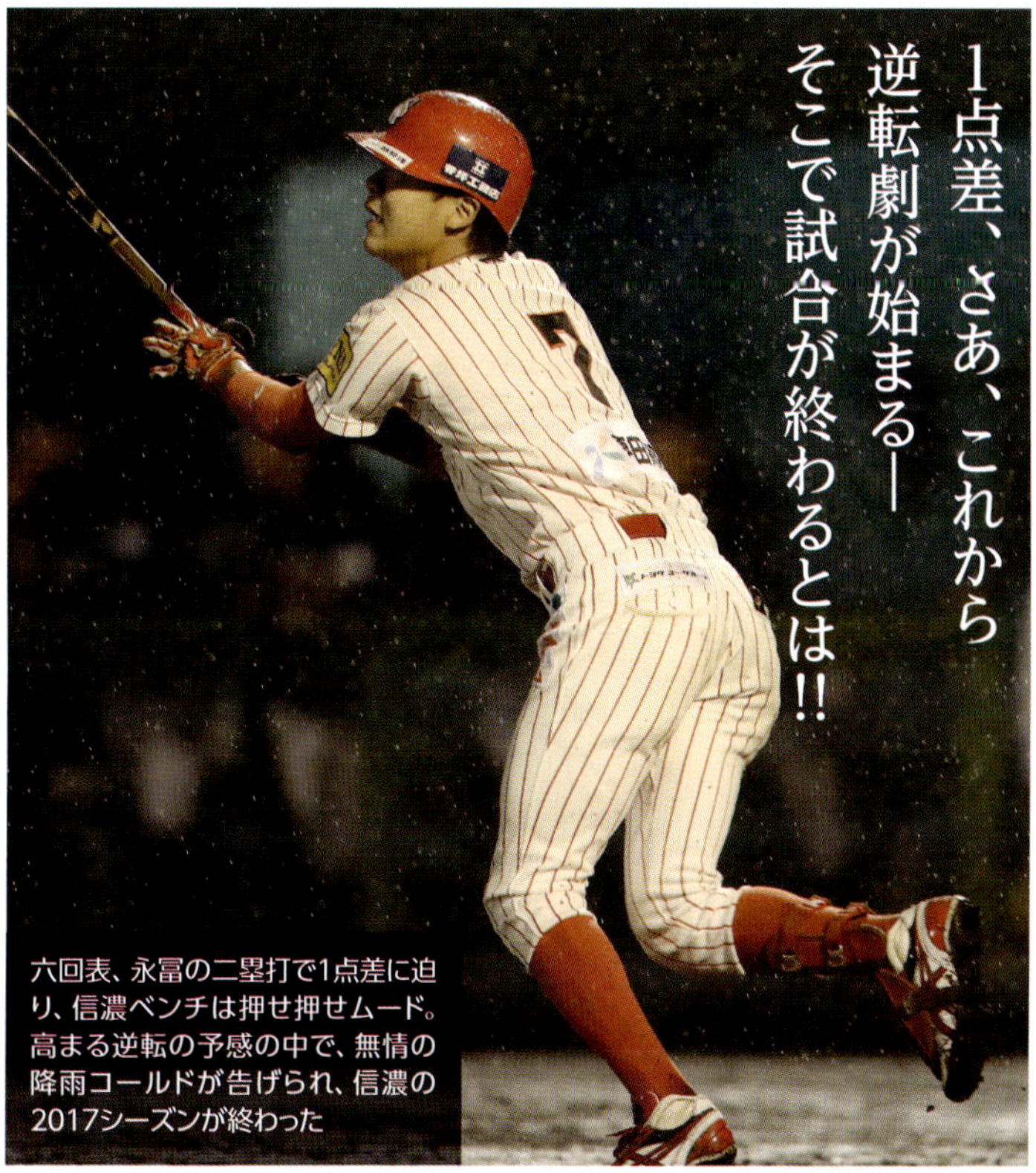

1点差、さあ、これから逆転劇が始まる―そこで試合が終わるとは!!

六回表、永冨の二塁打で1点差に迫り、信濃ベンチは押せ押せムード。高まる逆転の予感の中で、無情の降雨コールドが告げられ、信濃の2017シーズンが終わった

2017個人成績ベスト5

部門	順位	選手名	記録
防御率	1	渡邉雄大(新)	1.29
	2	バリオス(富)	1.39
	3	寺岡寛治(石)	1.52
	4	トーレス(群)	1.87
	5	高井ジュリアン(信)	2.08
勝利数	1	樫尾亮磨(信)	13
	1	伊藤拓郎(群)	13
	3	高井ジュリアン(信)	12
	3	間曽晃平(福島)	12
	5	ロン(信)	10
	5	バリオス(富)	10
セーブ数	1	山﨑悠生(信)	21
	2	シレット(富)	17
	3	渡邉雄大(新)	16
	4	永田貴之(武)	14
	5	藤岡雅俊(福井)	12
奪三振数	1	伊藤拓郎(群)	123
	2	トルス(新)	121
	3	沼田拓巳(石)	109
	4	間曽晃平(福島)	107
	5	田村勇磨(新)	105
打率	1	井野口祐介(群)	.38722
	2	ペゲロ(富)	.38721
	3	ボウカー(福島)	.3840
	4	宮澤和希(石)	.3837
	5	カラバイヨ(群)	.375
本塁打	1	カラバイヨ(群)	32
	2	ボウカー(福島)	24
	3	ジョニー(富)	20
	3	ペゲロ(富)	20
	5	井野口祐介(群)	16
打点	1	ジョニー(富)	82
	2	カラバイヨ(群)	78
	3	井野口祐介(群)	76
	4	ボウカー(福島)	70
	5	大平成一(信濃)	62
盗塁	1	森 亮太(福井)	41
	2	小野瀬将紀(福井)	32
	3	泉 祐介(滋)	27
	4	岸本竜之輔(福島)	25
	5	神谷 塁(石)	24

2017シーズン リーグ&チーム成績

〈前期〉

西地区		試合数	勝	敗	分	勝率	差
1	富山	35	22	13	0	.629	優勝
2	信濃	35	21	14	0	.600	1.0
3	福井	35	19	14	2	.576	2.0
4	滋賀	35	11	22	2	.333	10.0
5	石川	35	10	22	3	.313	10.5

東地区		試合数	勝	敗	分	勝率	差
1	群馬	35	19	11	5	.633	優勝
2	新潟	35	18	16	1	.529	3.0
3	福島	35	15	17	3	.469	5.0
3	武蔵	35	15	17	3	.469	5.0
5	栃木	35	7	28	0	.200	14.5

〈後期〉

西地区		試合数	勝	敗	分	勝率	差
1	信濃	36	26	10	0	.722	優勝
2	富山	36	22	12	2	.647	3.0
3	福井	36	15	19	2	.441	10.0
4	石川	36	12	22	2	.353	13.0
5	滋賀	36	11	24	1	.314	14.5

東地区		試合数	勝	敗	分	勝率	差
1	群馬	36	23	10	3	.697	優勝
2	福島	36	18	12	6	.600	3.5
3	新潟	36	15	13	8	.536	5.5
4	栃木	36	12	20	4	.375	10.5
5	武蔵	36	12	23	1	.343	12.0

チーム投手成績

チーム名	防御率	試合	勝	敗	S	完投	投球回	打者	球数	被安打	被本打	奪三振	与四球	与死球	失点	自責	暴投	ボーク
福島	3.66	69	33	29	17	4	605	2701	9954	598	20	381	311	50	303	246	28	7
信濃	3.67	71	47	24	22	6	630	2712	9836	657	57	408	167	59	311	257	42	3
富山	3.69	71	44	25	17	0	624 1/3	2719	10173	590	30	470	253	53	302	256	43	8
新潟	3.92	69	33	29	18	10	608	2624	9726	580	54	557	214	36	300	265	27	6
群馬	4.03	67	42	21	17	9	596	2670	9937	609	34	428	262	61	327	267	59	6
武蔵	4.20	70	27	40	15	0	608	2719	10145	630	51	485	258	37	356	284	52	5
福井	4.39	71	34	33	15	0	627 2/3	2828	10476	679	46	433	251	51	383	306	36	4
滋賀	5.20	71	22	46	12	2	615	2855	10722	714	46	359	307	50	430	355	61	8
石川	5.61	71	22	44	10	0	619	2917	11037	740	49	509	319	52	459	386	79	5
栃木	5.84	70	19	48	9	3	608 2/3	2866	10460	730	67	397	313	45	460	395	42	17

チーム打撃成績

チーム名	打率	試合	打数	得点	安打	二打	三打	本打	打点	三振	四球	死球	犠打	犠飛	盗塁	失策	併殺	残塁
富山	.296	71	2463	426	728	121	20	72	399	431	275	52	23	18	34	72	62	562
信濃	.287	71	2445	461	701	118	43	44	422	436	309	73	62	23	70	95	46	595
新潟	.285	69	2269	322	646	115	16	36	289	431	215	67	94	23	95	59	47	531
群馬	.282	67	2286	422	645	109	22	73	389	408	306	54	62	17	68	73	41	551
福島	.277	69	2336	332	647	109	14	58	298	438	229	37	52	19	76	79	43	530
福井	.271	71	2406	378	653	98	27	37	342	486	338	40	57	20	108	90	52	607
滋賀	.265	71	2384	289	632	72	24	20	261	444	205	41	45	26	70	90	50	529
石川	.259	71	2398	311	620	90	13	46	277	426	209	51	30	24	51	90	57	516
武蔵	.247	70	2295	293	566	85	24	31	260	489	260	37	54	12	63	88	37	525
栃木	.241	70	2320	245	560	87	18	25	218	458	209	35	75	17	52	74	35	543

2007 SEASON

三感王

感謝せよ！感激せよ！感動を与えよ！
めざせ、リーグの三感王！

2007チームスローガン

石川、富山、新潟、そして信濃。
国内2例目のプロ野球独立リーグ
「BC（ベースボール・チャレンジ）リーグ」は、
4チームからのスタートだった。
信濃は初代指揮官に木田勇監督を迎え、
全25選手中、約半数が地元長野県ゆかりの選手。
「NPB（セ・パ両リーグ）へ」というそれぞれの夢を胸に、
頂点を目指す熱戦は始まった。
初代王者に輝くのは、どの球団か—。

破竹の9連勝、泥沼の7連敗…
”波瀾《はらん》万丈“船出の1年目

2007

長野県にプロ野球球団ができた。長野オリンピックスタジアムでの石川との開幕戦には6800人余りの観客が詰め掛け、チームカラーの赤に染まったスタンドには県民や野球ファンの期待と興奮が渦巻いていた。木田勇・初代監督のもと、記念すべき第1戦は3－3のドロー発進。しかしその後は攻撃力の富山、守備力の石川の”2強“に対して、信濃は序盤5月の連敗が響き、新潟と最下位を争いながら苦しんでいた。

だが、夏場にドラマが待っていた。新たに小高と鈴江、両投手が加わり、故障から復帰した右腕・佐藤、強力な富山打線を黙らせる涌島、先発に復帰した給前の活躍など主力投手陣の復調と打線がかみ合い、6月末から7月中旬までリーグ初の9連勝。借金6から勝率5割復帰、さらに貯金3となり、首位に2.5差まで迫った。

ここからが勝負―。食らい付きたい信濃だったが、富山と石川が上位をひた走りながら最後まで首位争いを繰り広げる一方で、信濃は徐々に失速し、10月からは痛恨の7連敗。浮き沈みに大きく揺れた船出の年となった。

初代キャプテンに任命されたのは捕手の松橋。地元長野市出身で、四国アイランドリーグを経て信濃へ

長野オリンピックスタジアムで行われた記念すべき開幕戦には、6800人余りの観客が詰め掛け、スタンドは赤く染まった

試合結果一覧 72試合31勝35敗6分

日付	結果	対戦
4/28(土)	△3-3	vs石川 (オリスタ)
29(日)	●4-5	vs富山 (アルペン)
30(月)	○6-2	vs新潟 (上田)
5/3(木)	●4-24	vs富山 (松本)
4(金)	●2-14	vs新潟 (三条)
5(土)	○2-0	vs石川 (オリスタ)
11(金)	●5-7	vs新潟 (上田)
12(土)	●3-4	vs石川 (金沢市民)
13(日)	●5-6	vs富山 (松本)
18(金)	●1-2	vs新潟 (三条)
19(土)	●1-2	vs石川 (諏訪湖)
20(日)	△6-6	vs富山 (城光寺)
24(木)	●2-3	vs石川 (石川県立)
26(土)	●0-4	vs石川 (七尾)
27(日)	○10-3	vs新潟 (鳥屋野)
6/1(金)	○5-4	vs石川 (石川県立)
2(土)	●5-6x	vs富山 (となみ)
3(日)	●7-8	vs富山 (諏訪湖)
7(木)	△3-3	vs新潟 (オリスタ)
10(日)	○3-2	vs新潟 (見附)
16(土)	●5-2	vs富山 (上田)
17(日)	○4-3	vs石川 (飯田)
23(土)	○6-13	vs富山 (大町)
29(金)	○4-0	vs富山 (オリスタ)
30(土)	○15-8	vs新潟 (佐藤池)
7/1(日)	○9-5	vs新潟 (松本)
6(金)	○4-1	vs新潟 (三条)
7(土)	○9-1	vs富山 (となみ)
8(日)	○3-2	vs石川 (上田)
14(土)	○6-3	vs新潟 (中野)
16(月)	○6-1	vs新潟 (荒川)
19(木)	○7-5	vs富山 (小矢部)
20(金)	●3-6	vs石川 (オリスタ)
21(土)	●8-9	vs新潟 (飯田)
22(日)	●4-7	vs石川 (珠洲)
27(金)	○2-1	vs新潟 (オリスタ)
28(土)	○3-0	vs新潟 (上越)
29(日)	○8-3	vs石川 (諏訪湖)
8/3(金)	○3-1	vs石川 (石川県立)
4(土)	○11-2	vs富山 (飯田)
5(日)	●1-4	vs富山 (城光寺)
10(金)	○8-7	vs富山 (諏訪湖)
11(土)	○10-5	vs新潟 (五十公野)
12(日)	●2-9	vs石川 (上田)
17(金)	●7-12	vs富山 (桃山)
18(土)	△1-1	vs石川 (松本)
19(日)	●3-4	vs新潟 (オリスタ)
25(土)	●9-11	vs富山 (となみ)
26(日)	△11-11	vs石川 (石川県立)
30(木)	●2-9	vs富山 (小諸)
31(金)	○4x-3	vs新潟 (松本)
9/1(土)	●3-9	vs富山 (伊那)
2(日)	●7-10	vs石川 (オリスタ)
6(木)	○7-5	vs石川 (金沢市民)
7(金)	○3x-2	vs富山 (オリスタ)
8(土)	●0-2	vs富山 (アルペン)
15(土)	○9-1	vs新潟 (悠久山)
16(日)	●0-1	vs石川 (松本)
17(月)	○12-4	vs富山 (小諸)
22(土)	○9-6	vs富山 (諏訪湖)
23(日)	○1-0	vs石川 (飯田)
24(月)	●3-6	vs新潟 (三条)
29(土)	△3-3	vs石川 (金沢市民)
10/6(土)	●8-14	vs新潟 (松本)
7(日)	●2-4	vs石川 (石川県立)
9(火)	●2-13	vs石川 (金沢市民)
11(木)	●4-10	vs富山 (宮野)
12(金)	●1-3	vs新潟 (オリスタ)
13(土)	●1-7	vs石川 (石川県立)
14(日)	○3-0	vs富山 (城光寺)
15(月)	○3-2	vs新潟 (五十公野)
17(水)	●4-5	vs富山 (桃山)

走力が自慢の伊那市出身・坂田は、盗塁16 (リーグ3位)。ここぞの場面で試合を決める勝負強い打撃も魅力で、8月31日・松本での新潟戦 (4x-3) では劇的な逆転サヨナラ2ランも

投手陣の核として活躍した佐藤も、四国アイランドリーグ出身。最優秀防御率 (2.30) のタイトルを獲得した

負けん気とキレのいい直球を武器に、先発に中継ぎにと活躍した給前 (きゅうぜん)。横浜商大高時代に甲子園出場の経験もあり、奪三振数96はリーグ2位

チーム打率3割超の強力打線を誇った富山にめっぽう強く、気迫あふれる投球で"富山キラー"の異名をとった涌島

ミキト AED プロジェクト始動

新潟県糸魚川市の野球少年・水島樹人（みきと）くんは2006年夏、野球試合前のランニング中に心不全で突然倒れ、帰らぬ人となった。球場にAED（自動体外式除細動器）があれば、助かった命かもしれない―。その思いから、BCリーグは「ミキト AED プロジェクト」を立ち上げ、オリジナルグッズを球場で販売。その収益でAEDを購入し、球団を通じて各県に寄贈するという活動を始めた。この活動はリーグの理念として、今後も続いていく。

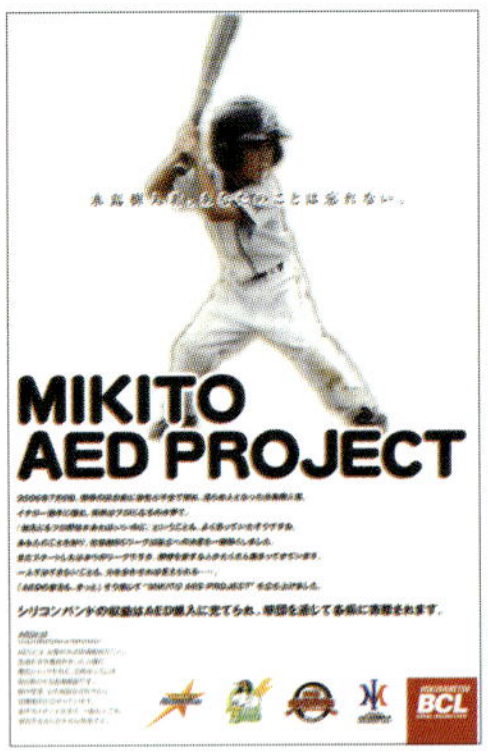

▲07年は各チームカラーのシリコンバンドを販売

「BCリーグ選抜」結成

BCリーグ4球団から選抜された選手でオールスターチームを結成。NPB2軍や四国アイランドリーグ選抜と試合を行った。

BCリーグ選抜チームの試合結果

7月31日（火）	○10-2	vsフューチャーズ（NPBイースタン混成）
8月1日（水）	●0-11	vsフューチャーズ（NPBイースタン混成）
8月7日（火）	●1-16	vs四国アイランドリーグ選抜
8月8日（水）	●2-3	vsグッドウィル（西武2軍）
8月28日（火）	△2-2	vs四国アイランドリーグ選抜

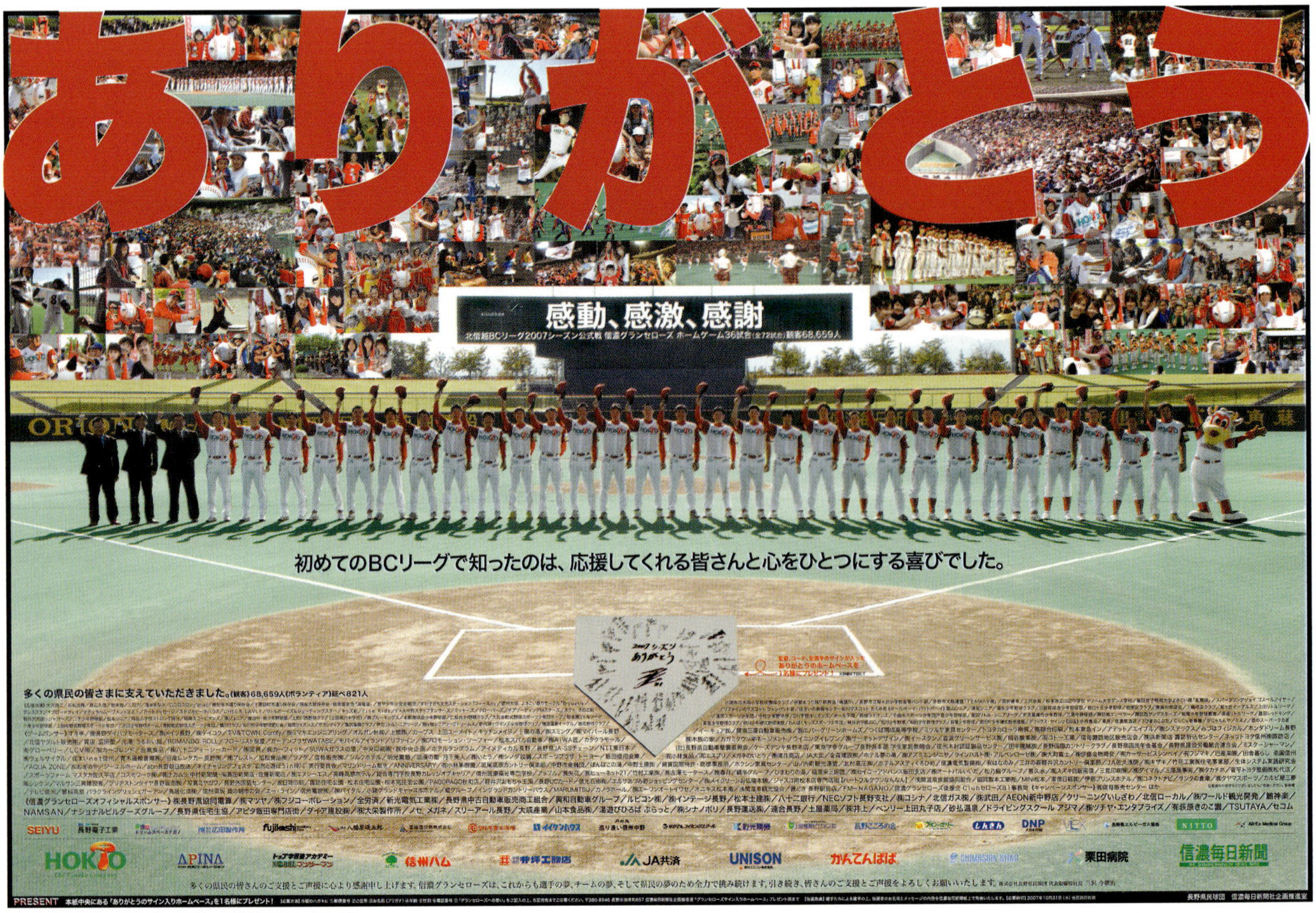

2007年10月2日掲載 信濃毎日新聞見開きページ

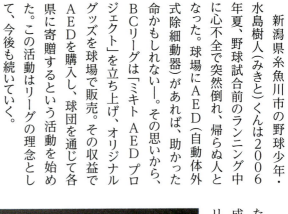

2007個人成績ベスト5

部門	順位	選手（球団）	成績
防御率	1	佐藤広樹（信）	2.30
	2	蛇澤　敦（石）	2.42
	3	渡辺孝矢（石）	2.78
	4	都　卓磨（石）	2.86
	5	大瀧紀彦（富）	3.06
勝利数	1	蛇澤　敦（石）	15
	2	涌島　稔（信）	10
	2	都　卓磨（石）	10
	4	小園　司（富）	9
	4	渡辺孝矢（石）	9
セーブ数	1	髙田泰史（石）	16
	2	小林史也（信）	9
	3	田中孝次（富）	6
	4	筒井裕人（新）	4
	5	五艘祐一（富）	3
奪三振数	1	蛇澤　敦（石）	120
	2	給前信吾（信）	96
	3	涌島　稔（信）	86
	4	小園　司（富）	71
	5	藤井　了（新）	70
打率	1	野原祐也（富）	.412
	2	根鈴雄次（新）	.392
	3	草島　諭（富）	.338
	4	宮地克彦（富）	.332
	5	荻原英生（信）	.330
本塁打	1	野原祐也（富）	14
	2	草島　諭（富）	13
	3	根鈴雄次（新）	10
	3	阿部康生（新）	10
	3	井野口祐介（富）	10
打点	1	井野口祐介（富）	79
	2	野原祐也（富）	75
	3	草島　諭（富）	61
	4	根鈴雄次（新）	59
	5	宮地克彦（富）	47
盗塁	1	内村賢介（石）	31
	2	佐野憲一（石）	26
	3	坂田一万（信）	16
	4	川端英治（富）	15
	5	優士（富）	14

2007シーズン リーグ&チーム成績

順位	チーム	試合	勝	敗	分	勝率	差
1	石川	72	43	22	7	.622	優勝
2	富山	72	43	26	3	.623	2.0
3	信濃	72	31	35	6	.470	10.5
4	新潟	72	18	52	2	.257	15.0

チーム投手成績

チーム名	防御率	試合	勝	敗	S	完投	投球回	打者	球数	被安打	被本打	奪三振	与四球	与死球	失点	自責	暴投	ボーク
石川	3.02	72	43	22	19	16	631	2663	9119	596	28	323	194	60	244	212	33	0
信濃	4.15	72	31	35	13	16	626 2/3	2881	10727	681	29	371	308	52	370	289	35	6
富山	4.21	72	43	26	12	7	630 2/3	2896	10484	690	32	389	252	80	388	295	35	2
新潟	5.71	72	18	52	8	12	621 1/3	3012	11274	668	43	315	416	109	491	394	69	0

チーム打撃成績

チーム名	打率	試合	打数	得点	安打	二打	三打	本打	打点	三振	四球	死球	犠打	犠飛	盗塁	失策	併打	残塁
富山	.305	72	2500	515	763	103	27	52	467	310	355	95	67	23	68	123	46	654
信濃	.271	72	2387	339	647	106	17	29	287	336	226	82	79	23	84	108	46	569
石川	.266	72	2307	351	614	77	15	12	296	359	357	57	92	25	94	70	73	627
新潟	.254	72	2401	292	611	87	19	39	259	393	232	67	61	16	37	110	42	574

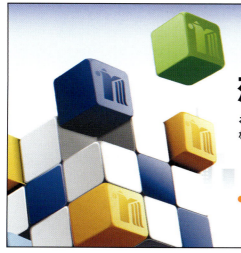

2008 SEASON

最善・最高・最大の勝利を奪取《だっしゅ》せよ！

2008チームスローガン

群馬、福井の2球団が新たにリーグに加わり、上信越地区（新潟、群馬、信濃）と北陸地区（富山、石川、福井）の2地区制に。前・後期制の公式戦とプレーオフで決着をつける方式もこの年から始まった。

チームは2年目選手と新人選手、さらには元NPB（オリックス－楽天）の竜太郎がプレーイングコーチで加わり競争も激化。2季目の木田勇監督の采配に注目が集まった。

前期終盤からチームは上向き、首位を走った夏―
最後は連敗で群馬に独走を許す

2008

前期・後期各36試合、短期決戦で優勝を争う初めてのシーズンが始まった。4月19日開幕戦の相手は新加入の群馬。信濃は6―5で見事逆転勝ちを収め、スタートダッシュは成功かに思われた。しかしその後は引き分けと連敗で、GWまで白星がお預けに。守りの要のショート・泰楽、打線の核に期待された竜太郎など故障で離脱する選手もおり、決定力不足にあえぐ打線に、四死球が多く不安定な投手陣―と、前期は序盤から苦しい戦いだった。

ただ、前期最後の10試合は6勝3敗1分と勝ち越し、上向きなチーム状態のまま7月25日の後期開幕戦も白星発進。直後に2連敗したものの、引き分けを挟んで4連勝し、ついに信濃は上信越地区首位の座に就いた。その後は引き分けや敗戦が続き後退したが、勝負の9月、捕手・中村が故障から復帰するとチームは4連勝で勢いを取り戻し、残り8試合で首位群馬に2ゲーム差まで迫る。そして9月18日、勝てば1差に縮まる群馬戦。この勝負どころで大敗を喫し、以降信濃は力尽きたかのように最終戦まで白星なしの悔しい幕切れとなった。

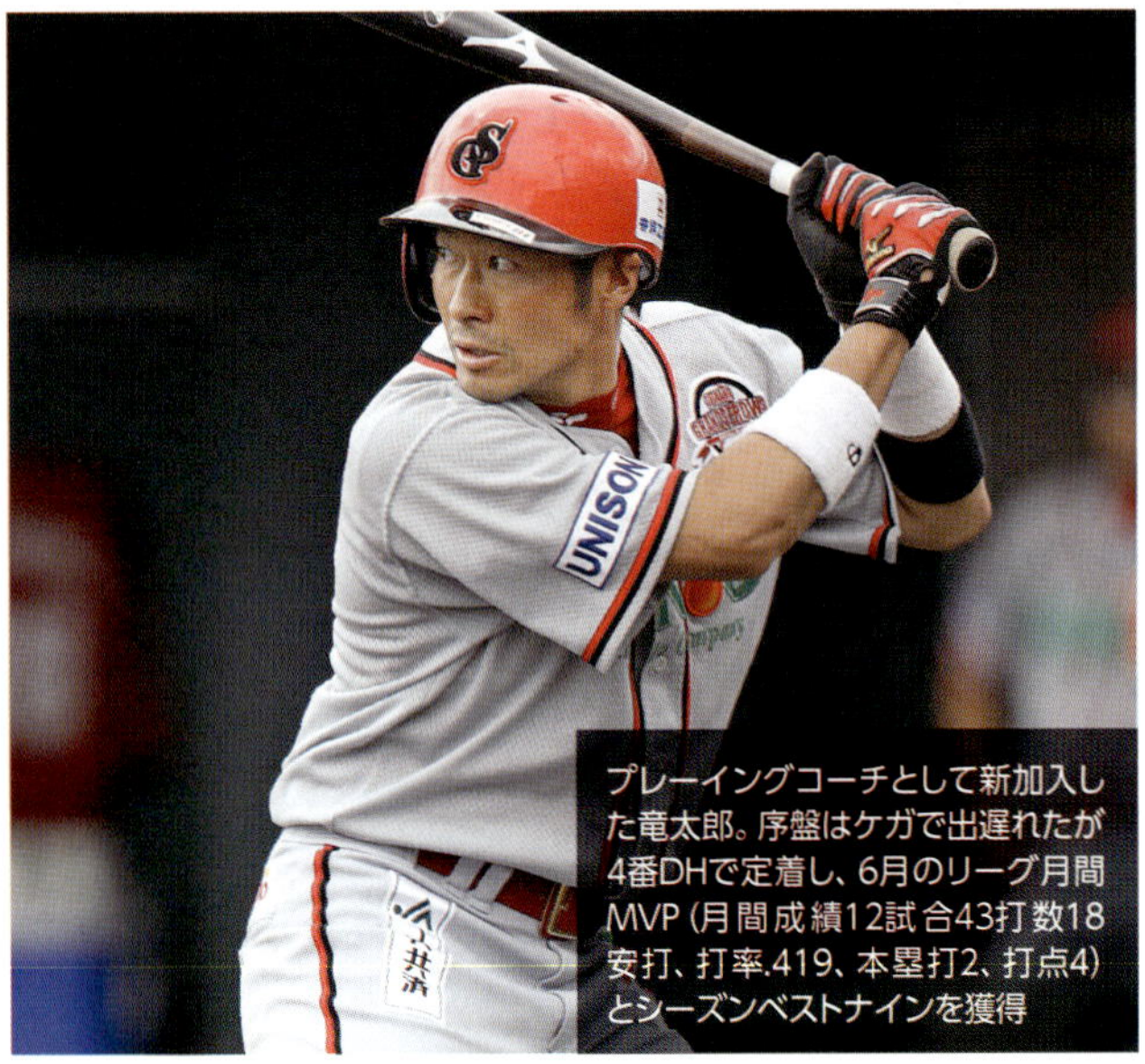

プレーイングコーチとして新加入した竜太郎。序盤はケガで出遅れたが4番DHで定着し、6月のリーグ月間MVP（月間成績12試合43打数18安打、打率.419、本塁打2、打点4）とシーズンベストナインを獲得

敵地・群馬でのシーズン開幕戦は逆転勝ちで白星スタート

試合結果一覧

前期（36試合15勝17敗4分）

4/19(土)	○6-5	vs群馬（敷島）
20(日)	△1-1	vs群馬（敷島）
26(土)	△2-2	vs新潟（三機スタ）
27(日)	●3-9	vs新潟（三機スタ）
29(火)	●6-9	vs新潟（オリスタ）
5/3(土)	△0-0	vs石川（松本）
4(日)	●1-4	vs石川（七尾）
5(月)	○5-1	vs新潟（伊那）
6(火)	○9-7	vs群馬（小諸）
10(土)	●0-1	vs新潟（オリスタ）
11(日)	●5-6x	vs新潟（見附）
17(土)	○4-1	vs富山（上田）
18(日)	○13-6	vs富山（富山県営）
23(金)	●2-6	vs群馬（上田）
24(土)	●2-4	vs群馬（桐生）
25(日)	○6-3	vs群馬（飯田）
30(金)	●2-6	vs富山（となみ）
6/1(日)	●1-2	vs新潟（広神）
6(金)	●0-4	vs福井（オリスタ）
7(土)	○1-0	vs福井（オリスタ）
8(日)	●0-3	vs新潟（飯田）
13(金)	●1-3	vs富山（となみ）
14(土)	○2-0	vs新潟（諏訪湖）
15(日)	●6-13	vs新潟（笹山）
19(木)	○7-6	vs富山（諏訪湖）
20(金)	●0-10	vs群馬（松本）
21(土)	○4-0	vs石川（上田）
27(金)	○4-2	vs福井（フェニスタ）
28(土)	○7-1	vs福井（福井県営）
7/3(木)	●0-4	vs石川（飯田）
4(金)	○6x-5	vs富山（諏訪湖）
5(土)	○9-5	vs石川（加賀）
6(日)	●4-8	vs石川（大町）
8(火)	△5-5	vs富山（アルペン）
12(土)	○4-3	vs群馬（前橋）
13(日)	●1-11	vs群馬（太田）

後期（36試合11勝17敗8分）

7/25(金)	○4-1	vs富山（オリスタ）
26(土)	●1-10	vs石川（七尾）
27(日)	●0-5	vs石川（七尾）
29(火)	○6-2	vs福井（松本）
30(水)	○6-5	vs福井（オリスタ）
8/1(金)	△4-4	vs群馬（松本）
2(土)	○3-2	vs新潟（上田）
3(日)	○7-4	vs新潟（佐藤池）
8(金)	△5-5	vs群馬（敷島）
9(土)	●1-5	vs福井（小諸）
10(日)	△2-2	vs福井（飯田）
12(火)	△0-0	vs新潟（佐藤池）
13(水)	●2-3	vs新潟（悠久山）
15(金)	△6-6	vs群馬（中野）
16(土)	●0-3	vs福井（フェニスタ）
17(日)	△3-3	vs福井（フェニスタ）
22(金)	●1-3	vs群馬（オリスタ）
23(土)	○4-2	vs群馬（伊勢崎）
29(金)	○4-0	vs富山（となみ）
30(土)	●2-5	vs富山（オリスタ）
31(日)	●2-9	vs富山（オリスタ）
9/5(金)	●2-5	vs群馬（上田）
6(土)	●5-6	vs福井（敦賀）
7(日)	●5-8	vs福井（三国）
12(金)	○11-0	vs群馬（敷島）
13(土)	○7-2	vs新潟（中野）
14(日)	○4-0	vs石川（石川県立）
15(月)	○2-1	vs石川（伊那）
18(木)	●1-8	vs群馬（敷島）
19(金)	●0-1	vs新潟（三機スタ）
20(土)	△2-2	vs新潟（諏訪湖）
22(月)	△2-2	vs新潟（松本）
23(火)	●0-1	vs石川（上田）
26(金)	●0-13	vs富山（アルペン）
27(土)	●1-2	vs群馬（オリスタ）
28(日)	●0-4	vs石川（石川県立）

大村は信濃打線に欠かせない主力選手の一人。この年は打率.305（5位）、本塁打3（10位）、盗塁11（7位）の3部門でリーグトップ10入り

攻守にわたり活躍した新人・笠井は、5月のリーグ月間MVP（月間成績12試合39打数16安打、打率.410、打点2、盗塁4）に選出

07年途中から加入した小高（写真左）と鈴江（同右）が投手陣に厚みをもたらした。鈴江はこの年のオフ、NPBドラフトで千葉ロッテに育成枠で入団を果たし、自らの夢を実現した

2008
TOPICS

新ユニフォーム完成

試合日程は週末3連戦が基本ということもあり、白、赤、グレーの3タイプの新ユニフォームが完成。開幕前の3月下旬、第2次キャンプを行っていた大芝野球場にてお披露目された。

紅白戦で新ユニフォームお披露目(3月29日、大芝野球場)

「ベストフェアプレーヤー」投票

スポーツマンシップを発揮し、この年のチームスローガン「最善・最高・最大の勝利を奪取せよ!」の実現に向け努力した選手をファンの投票で決定、前期・後期に分けて発表した。

〈前期〉
1位　竜太郎
2位　大橋雅俊
3位　市川貴之
　　　高田周平

〈後期〉
1位　竜太郎
2位　大村有三
3位　泰楽康之

信濃からNPB第1号! 鈴江投手、ロッテに入団

シーズン後のNPBドラフト会議で、鈴江彬《あきら》投手が千葉ロッテから指名を受け、育成枠で入団。信濃からのNPB入団第1号となった。鈴江投手は07シーズン途中に入団、主にセットアッパーとして活躍した。2年間の通算成績は54試合(120回2/3)5勝4敗4セーブ、防御率2.83。

ロッテの山森スカウト(右)から指名あいさつを受け、握手する鈴江投手(08年10月31日)

2008年10月17日掲載 信濃毎日新聞見開きページ

2008個人成績ベスト5

部門	順位	選手	成績
防御率	1	小山内大和(富)	1.42
	2	南　和彰(石)	1.45
	3	生出和也(富)	1.95
	4	山下　英(石)	2.04
	5	富岡久貴(群)	2.08
勝利数	1	小山内大和(富)	15
	1	南　和彰(石)	15
	3	木谷智朗(富)	11
	3	富岡久貴(群)	11
	5	藤井　了(新)	10
セーブ数	1	越川昌和(群)	10
	2	給前信吾(信)	9
	2	小園　司(富)	9
	4	天野浩一(福)	8
	5	徳田将至(新)	6
奪三振数	1	柳川洋平(福)	169
	2	南　和彰(石)	160
	3	小山内大和(富)	139
	4	中山　大(新)	115
	5	富岡久貴(群)	97
打率	1	山田　憲(群)	.384
	2	野原祐也(富)	.368
	3	竜太郎(信)	.333
	4	渡辺大輝(信)	.324
	5	大村有三(信)	.305
本塁打	1	青木智史(新)	12
	2	井野口祐介(群)	9
	3	根鈴雄次(新)	8
	4	野原祐也(富)	7
	5	丹羽良太(群)	6
打点	1	丹羽良太(群)	47
	1	井野口祐介(群)	47
	3	野原祐也(富)	45
	4	町田一也(富)	40
	5	青木智史(新)	39
盗塁	1	遠藤靖浩(群)	25
	2	井野口祐介(群)	16
	3	斗馬(新)	13
	4	坂田一万(信)	12
	4	野原祐也(富)	12
	4	塚本雄一郎(富)	12

2008シーズン リーグ&チーム成績

〈前期〉

上信越地区		試合数	勝	敗	分	勝率	差
1	新潟	36	19	13	4	.594	優勝
2	群馬	36	19	15	2	.559	1.0
3	信濃	36	15	17	4	.469	4.0

北陸地区		試合数	勝	敗	分	勝率	差
1	富山	36	19	15	2	.559	優勝
2	石川	36	15	14	7	.517	1.5
3	福井	36	9	22	5	.290	8.5

〈後期〉

上信越地区		試合数	勝	敗	分	勝率	差
1	群馬	36	18	9	9	.667	優勝
2	新潟	36	14	16	6	.467	5.5
3	信濃	36	11	17	8	.393	7.5

北陸地区		試合数	勝	敗	分	勝率	差
1	富山	36	16	12	8	.571	優勝
2	石川	36	16	16	4	.500	2.0
3	福井	36	12	17	7	.414	4.5

〈プレーオフ〉

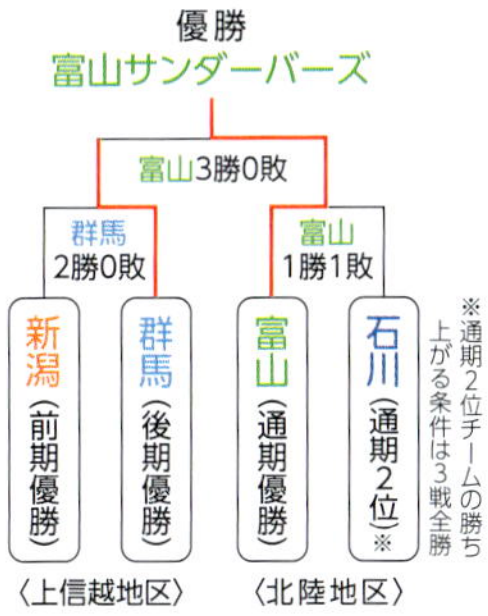

チーム投手成績

チーム名	防御率	試合	勝	敗	S	完投	投球回	打者	球数	被安打	被本打	奪三振	与四球	与死球	失点	自責点	暴投
石川	2.34	72	31	30	7	27	626	2552	8793	549	19	410	131	46	204	163	21
富山	2.61	72	35	27	12	16	630 2/3	2642	9578	594	15	438	158	47	218	183	31
新潟	2.66	72	33	29	11	31	622	2621	9194	564	13	325	186	58	235	184	20
福井	2.84	72	21	39	8	18	628 1/3	2669	10022	531	12	443	240	57	264	198	23
群馬	2.90	72	37	24	19	3	633 1/3	2657	9345	587	20	351	174	61	249	204	24
信濃	3.27	72	26	34	13	10	629 1/3	2712	9548	637	24	337	211	45	290	229	30

チーム打撃成績

チーム名	打率	試合	打数	得点	安打	二打	三打	本打	打点	三振	四球	死球	犠打	犠飛	盗塁	失策	併打	残塁
群馬	.272	72	2357	305	641	108	16	25	280	346	206	36	77	17	83	60	50	509
富山	.264	72	2312	289	611	84	32	13	253	316	223	68	120	26	70	52	48	578
信濃	.252	72	2289	234	577	69	20	14	213	370	198	76	100	15	62	73	52	544
石川	.250	72	2252	215	563	71	18	12	201	384	188	43	93	17	42	58	63	498
新潟	.250	72	2287	249	572	103	15	32	229	411	172	49	81	24	34	76	38	504
福井	.218	72	2281	168	498	62	24	7	153	477	113	42	81	6	51	86	28	452

MEMORIAL PHOTO GALLERY

2007-2008

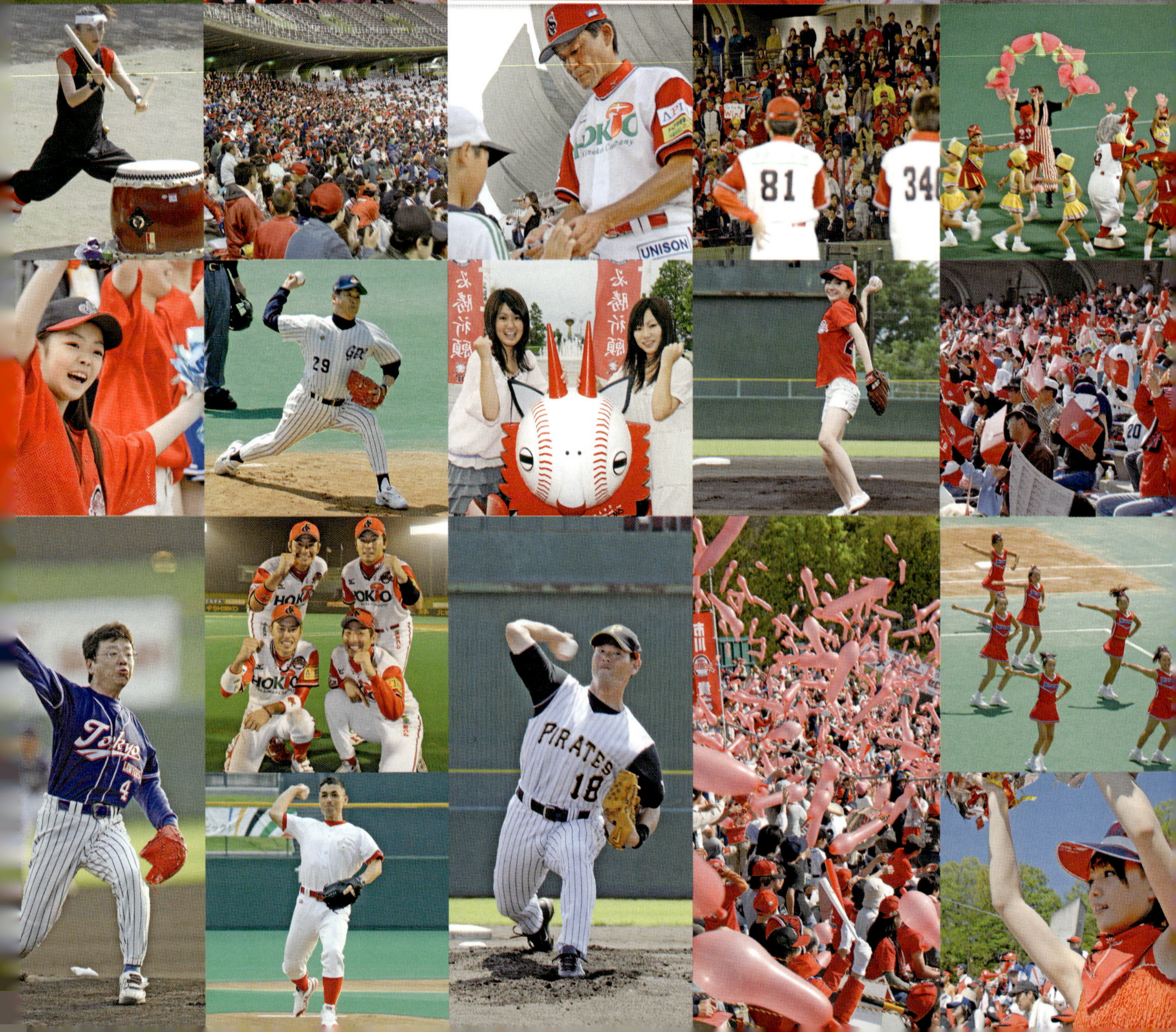

2009 SEASON

白球入魂

2009チームスローガン

選手の3分の1が新戦力に入れ替わり、
2年間チームを率いた木田監督から
今久留主《いまくるす》新監督へと指揮官も交代。
前年最下位に終わった
信濃の戦い方はどう変わるのか、
「NPBへ」という夢を実現し、一歩先へ行った
チームメートの姿を目の当たりにし、
選手たちはどう奮起するのか――。
チーム変貌の期待がかかる3年目を、歩み出す。

前期、後期ともに後半は勝ち越し 前半の連敗が響く

2009

今久留主新監督のもと新体制での開幕は、3年目にして初の「ホーム開幕戦勝利」を収め、スタンドは沸き返った。序盤は上信越地区3チームが勝率5割で並び、4月下旬からGW連戦へ、早くも前半の山場。ここで信濃は、球団ワーストタイの8連敗を喫し、大きな借金を抱えたことが後に響いた。

仕切り直して後期こそ—。チームもファンも意気込んだが、前期優勝し安定した強さを見せる群馬から勝利が奪えず、またも黒星が続く。前半だけで前期は5勝12敗1分、後期は4勝14敗。どちらも後半は勝ち越しただけに、前半の大きな負け越しは悔やまれた。

そして今季も無念の最下位。270得点（リーグ4位）に比べ、リーグ最多の336失点、防御率3・90も最下位。通期優勝しリーグ優勝も果たした群馬が得点・打率、防御率ともにリーグトップであることを見れば、その差は一目瞭然だった。

ただ個人では、竜太郎が今季首位打者（打率3割5分5厘）のタイトルを獲得。フル稼働で奮闘した星野・髙田の両左腕がそろってNPB（育成）へ入団を果たしたことも、信濃にとって明るいニュースだった。

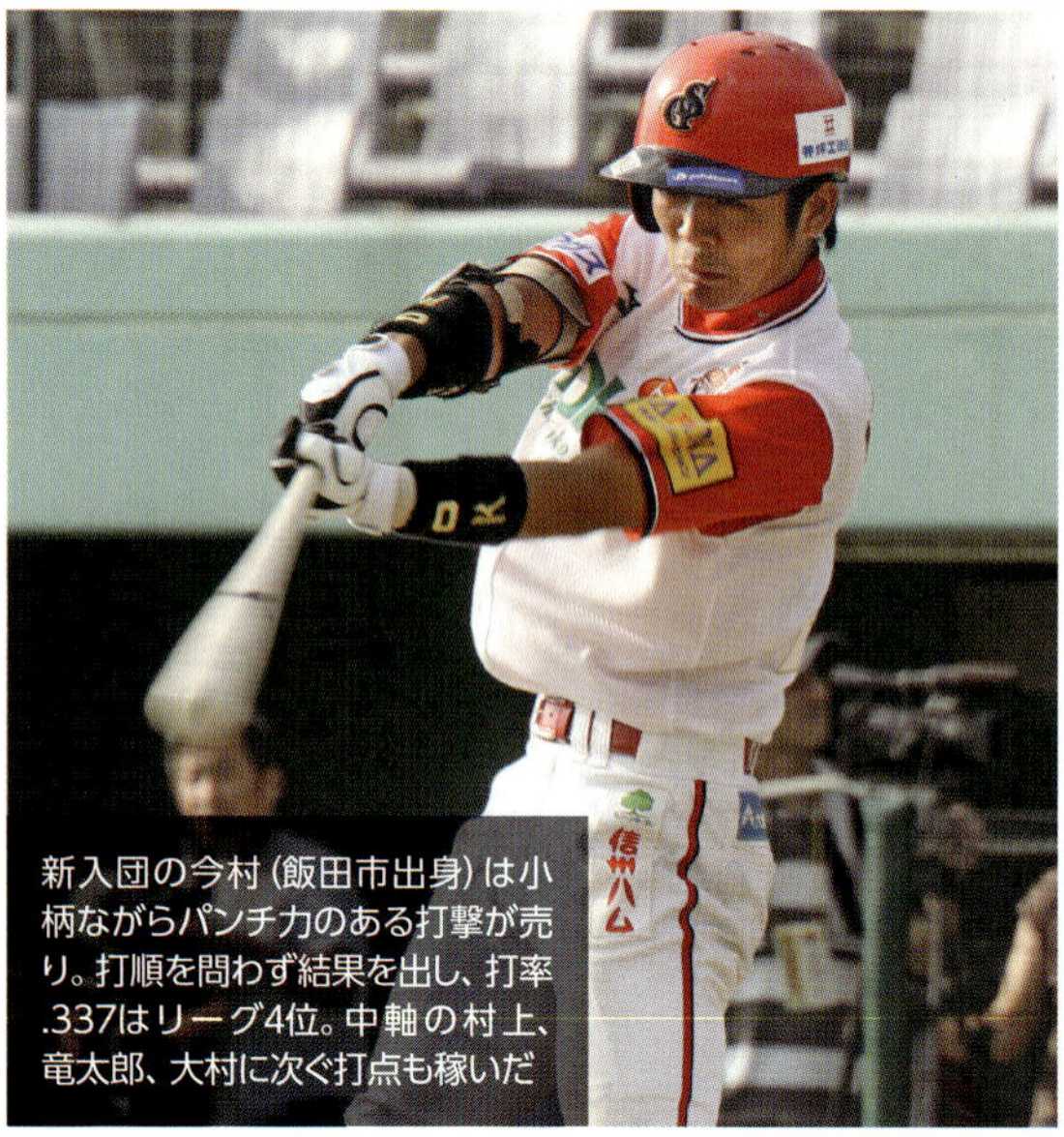

新入団の今村（飯田市出身）は小柄ながらパンチ力のある打撃が売り。打順を問わず結果を出し、打率.337はリーグ4位。中軸の村上、竜太郎、大村に次ぐ打点も稼いだ

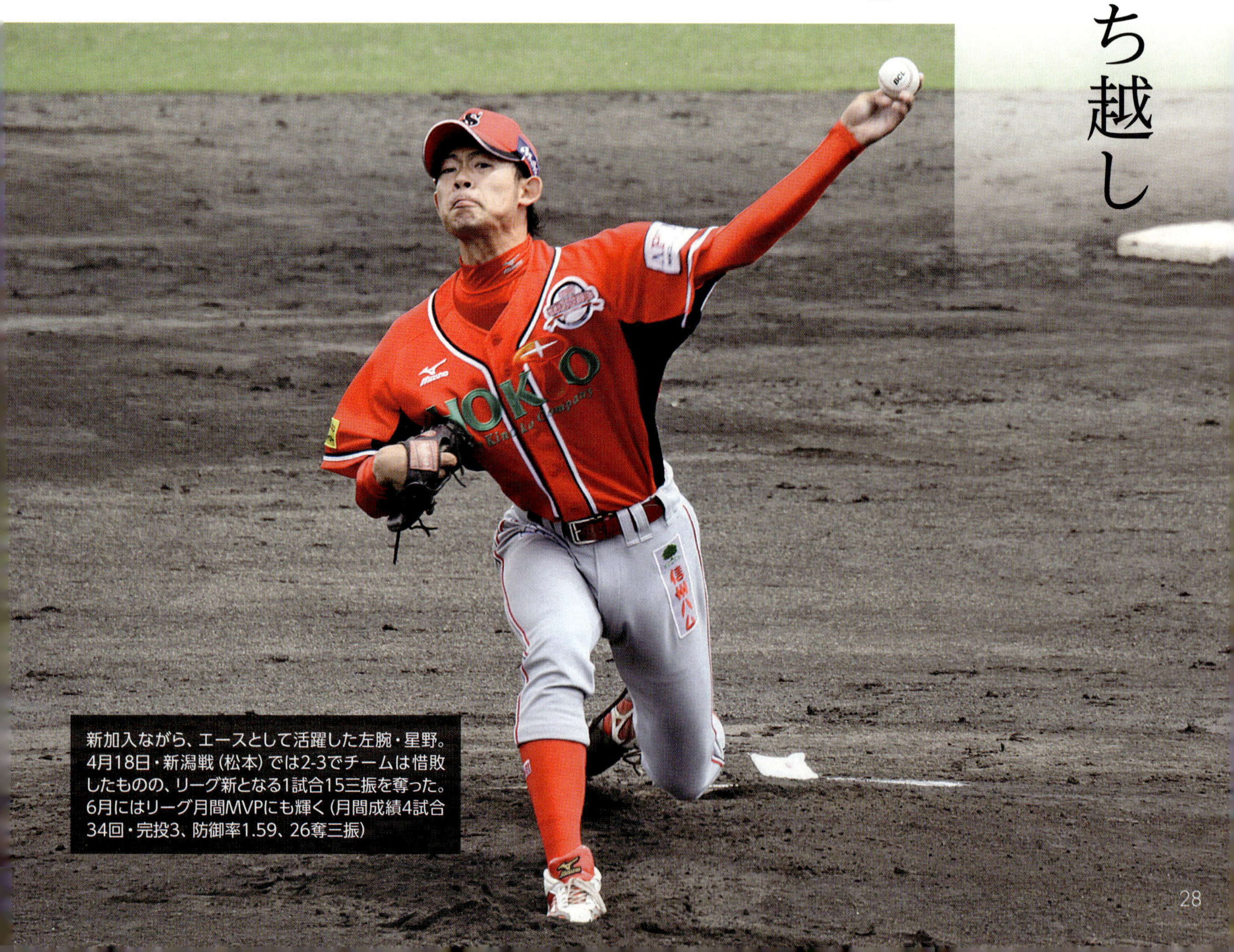

新加入ながら、エースとして活躍した左腕・星野。4月18日・新潟戦（松本）では2-3でチームは惜敗したものの、リーグ新となる1試合15三振を奪った。6月にはリーグ月間MVPにも輝く（月間成績4試合34回・完投3、防御率1.59、26奪三振）

試合結果一覧

前期（36試合14勝19敗3分）

4/11(土)	●1-7	vs群馬（敷島）
12(日)	○8-3	vs群馬（オリスタ）
18(土)	●2-3	vs新潟（松本）
19(日)	○8-6	vs新潟（悠久山）
24(金)	●2-8	vs福井（フェニスタ）
25(土)	●1-2	vs新潟（五十公野）
26(日)	●0-2	vs群馬（上田）
29(水)	●1-13	vs福井（敦賀）
5/2(土)	●3-8	vs富山（桃山）
3(日)	●7-8	vs富山（となみ）
4(月)	●1-7	vs群馬（オリスタ）
5(火)	●1-3	vs新潟（三機スタ）
9(土)	○7-1	vs福井（小諸）
10(日)	○7-4	vs福井（中野）
15(金)	●3-8	vs群馬（上田）
16(土)	○6-0	vs新潟（高田）
23(土)	△6-6	vs群馬（伊勢崎）
24(日)	●1-8	vs群馬（諏訪湖）
27(水)	○7-2	vs 新潟（伊那）
29(金)	○3-0	vs群馬（藤岡）
30(土)	●4-6	vs新潟（佐藤池）
31(日)	●4-11	vs新潟（飯田）
6/5(金)	●0-4	vs富山（オリスタ）
6(土)	○5-4	vs群馬（藤岡）
7(日)	○2-0	vs群馬（城南）
9(火)	△4-4	vs新潟（松本）
12(金)	●1-4	vs富山（松本）
13(土)	○6-1	vs新潟（諏訪湖）
14(日)	○6-4	vs新潟（広神）
19(金)	○4-3	vs石川（オリスタ）
20(土)	●1-5	vs石川（飯田）
21(日)	○6x-5	vs新潟（上田）
26(金)	●4-8	vs群馬（伊勢崎）
27(土)	○3-2	vs群馬（オリスタ）
28(日)	△4-4	vs石川（石川県立）
30(火)	●1-7	vs石川（石川県立）

後期（36試合13勝21敗2分）

7/4(土)	●3-6	vs群馬（上田）
5(日)	●5-9	vs群馬（敷島）
11(土)	○10-6	vs新潟（伊那）
12(日)	●1-2	vs新潟（ハードオフ）
17(金)	●3-7	vs群馬（藤岡）
18(土)	●1-6	vs群馬（大町）
20(月)	○10-1	vs福井（フェニスタ）
24(金)	●5-11	vs群馬（前橋）
25(土)	●5-9	vs富山（諏訪湖）
26(日)	●1-3	vs富山（オリスタ）
31(金)	●4-7	vs新潟（松本）
8/1(土)	●3-4x	vs新潟（高田）
9(日)	○8-5	vs富山（城光寺）
11(火)	●3-13	vs群馬（飯田）
13(木)	●4-7	vs新潟（オリスタ
14(金)	●1-5	vs新潟（ハードオフ）
15(土)	○8-2	vs石川（中野）
16(日)	●0-6	vs石川（小諸）
21(金)	○6-1	vs群馬（オリスタ）
22(土)	○3-2	vs群馬（伊勢崎）
23(日)	●6-7x	vs富山（アルペン）
26(水)	●2-6	vs群馬（藤岡）
28(金)	○5-4	vs新潟（諏訪湖）
30(日)	●1-2	vs福井（飯田）
9/3(木)	○3-1	vs福井（フェニスタ）
4(金)	●0-2	vs石川（石川県立）
5(土)	○4-2	vs群馬（オリスタ）
6(日)	△3-3	vs群馬（敷島）
11(金)	○4-0	vs福井（松本）
13(日)	△2-2	vs新潟（ハードオフ）
16(水)	●3-7	vs群馬（上田）
17(木)	○4x-3	vs新潟（上田）
19(土)	○4-1	vs石川（小松末広）
20(日)	●1-3	vs新潟（鳥屋野）
21(祝)	●0-6	vs新潟（オリスタ）
22(祝)	○12-4	vs新潟（笹山）

3年目の村上は今季本塁打リーグ2位（9本）を記録。7月11日・新潟戦では満塁本塁打も

7月11日・新潟戦（伊那県営）、数日前に入団したばかりの村田が、初打席の初球を叩いて逆転3ランという鮮烈デビュー

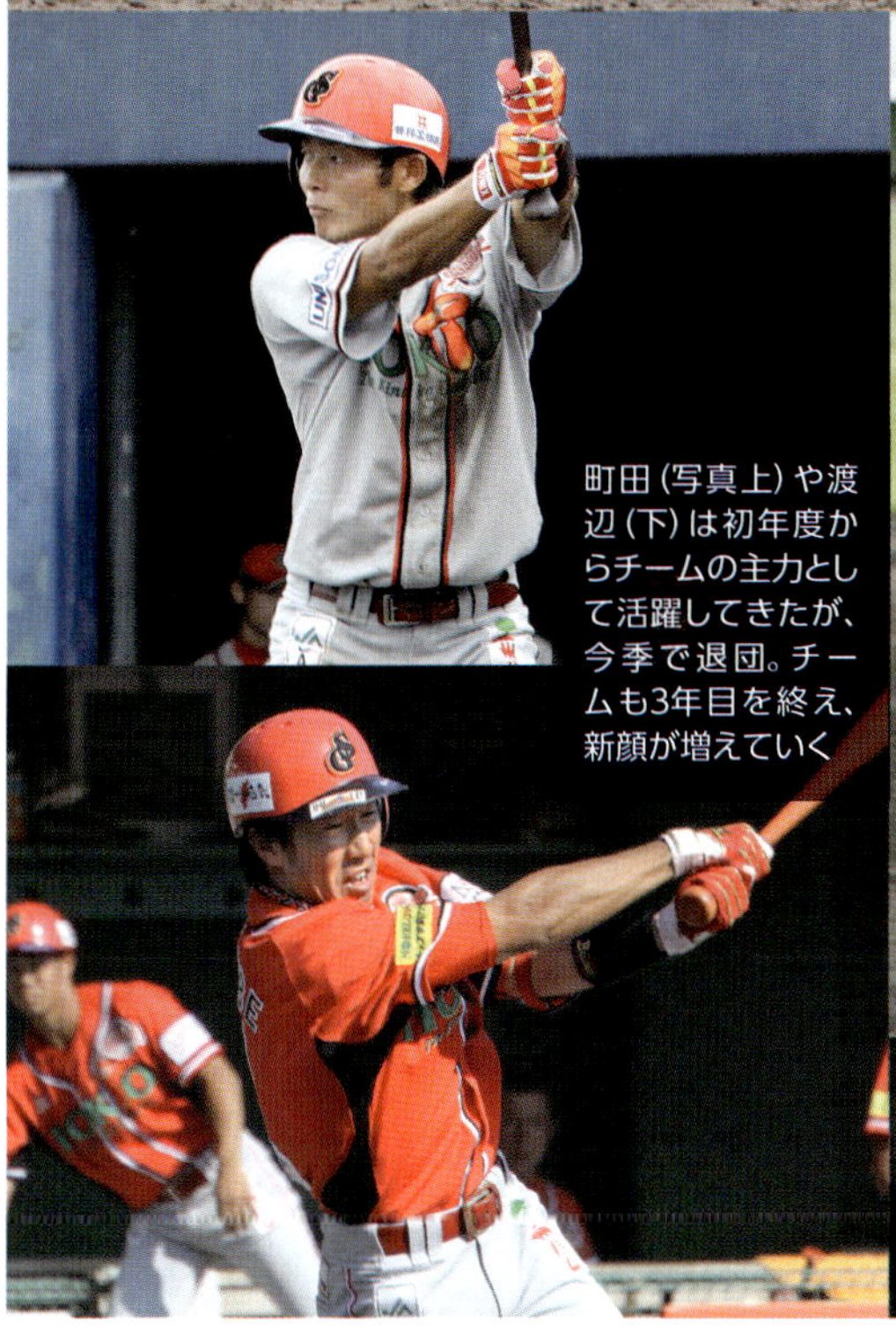

町田（写真上）や渡辺（下）は初年度からチームの主力として活躍してきたが、今季で退団。チームも3年目を終え、新顔が増えていく

2年目の高田は、好投しながら勝ち星に恵まれなかったが、後期はチームの"連敗ストッパー"に。8月15日・石川戦（中野）では今季初完投勝利し、7月11日以来のホーム戦白星をもたらした

交流戦試合結果

5月21日（木）	○5-1（中野）	vs豪州選抜
6月17日（水）	●4-6（松本）	vs日ハム（ファーム）
8月4日（火）	●1-7（オリスタ）	vsロッテ（ファーム）

ピンクリボンバッジ運動

5月10日・福井戦（中野）では、乳がん早期発見を目指す「ピンクリボンバッジ運動」に協力。選手はユニフォームの肩にピンクリボンをつけ、グラウンドのベースもピンク色に。

星野&髙田、両左腕がNPBへ!

NPBドラフト会議で、星野真澄投手が巨人、髙田周平投手が阪神から、それぞれ育成1位指名を受けて入団へ。今季成績は星野が36試合（153回1／3）8勝8敗3S（完投6）・防御率2.82、髙田が27試合（127回）7勝9敗2S（完投5）・防御率2.98。信濃からNPBへの入団は、前年の鈴江（ロッテ育成）に続き2年連続となった。

豪州選抜やNPB2軍と交流戦

今季の交流戦では、州代表や米独立リーグ経験者らで構成される豪州選抜に快勝。その後のNPBファームとの試合では、前年信濃でプレーし、ロッテに育成枠で入団を果たした鈴江彬《あきら》投手とも対戦したが、三者凡退に仕留められた。

vs豪州選抜（5月21日）

星野（写真左）と髙田（同右）、信濃から2人の左腕がNPBへ

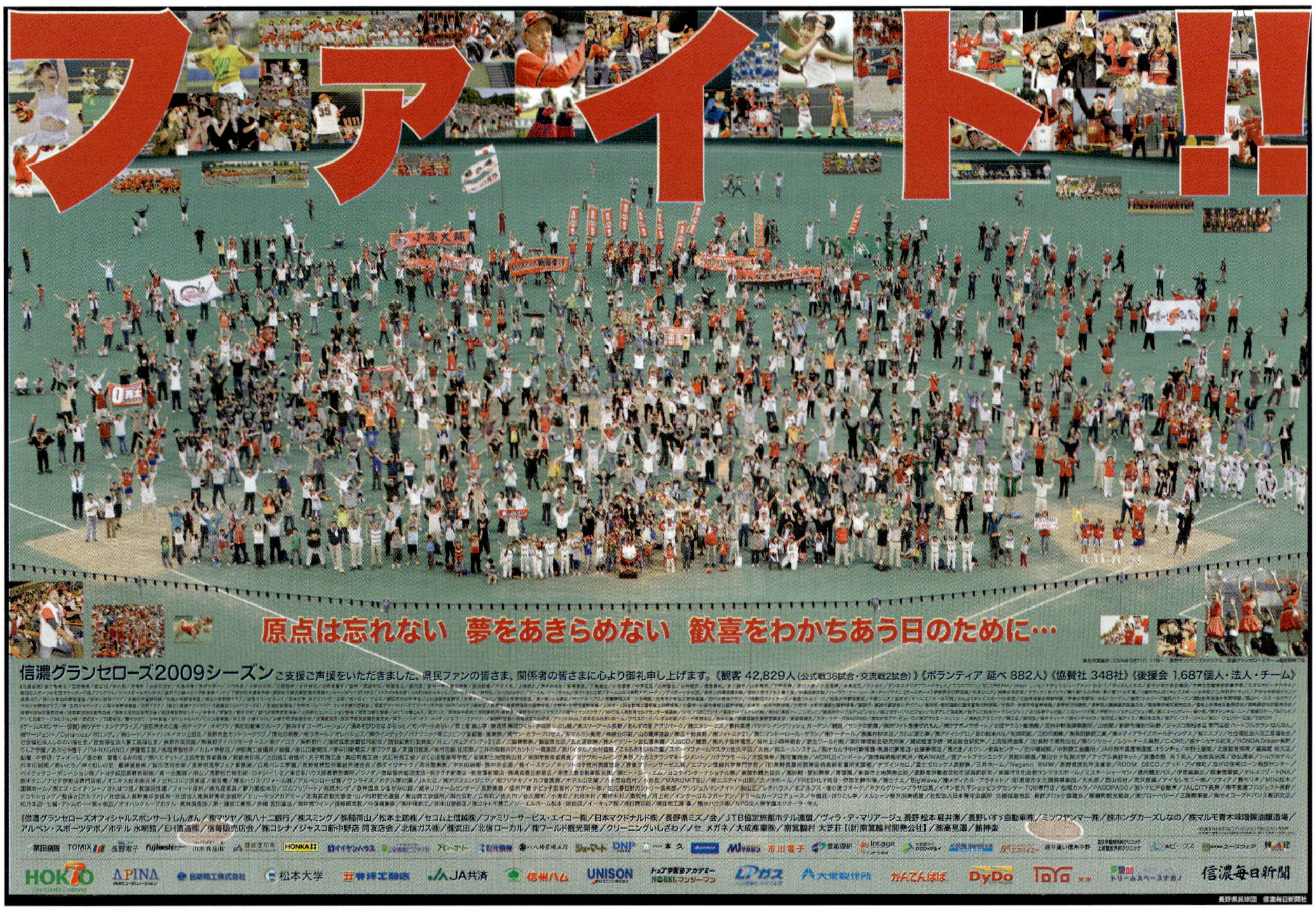

2009年10月15日掲載 信濃毎日新聞見開きページ

2009個人成績ベスト5

部門	順位	選手	成績
防御率	1	堤 雅貴（群）	1.55
	2	山崎猛志（石）	1.66
	3	清水貴之（群）	1.827
	4	南 和彰（石）	1.829
	5	越川昌和（群）	1.94
勝利数	1	南 和彰（石）	17
	2	伊藤秀範（新）	12
	3	日名田城宏（富）	10
	4	星野真澄（信）	8
	4	山下 英（石）	8
	4	前田祐二（福）	8
セーブ数	1	萩原淳由（富）	9
	2	木谷智朗（富）	8
	2	都 卓磨（石）	8
	2	岩井昭仁（福）	8
	5	中山 大（新）	4
	5	久保田晃史（新）	4
	5	富岡久貴（群）	4
奪三振数	1	前田祐二（福）	152
	2	南 和彰（石）	143
	3	星野真澄（信）	128
	4	藤井宏海（福）	124
	5	髙田周平（信）	119
打率	1	竜太郎（信）	.355
	2	青木智史（新）	.344
	3	井野口祐介（群）	.343
	4	今村亮太（信）	.337
	5	楠本大樹（石）	.328
本塁打	1	青木智史（新）	16
	2	村上正祐（信）	9
	3	清野友二（新）	8
	3	井野口祐介（群）	8
	5	竜太郎（信）	7
	5	松岡慎弥（石）	7
打点	1	青木智史（新）	51
	2	井野口祐介（群）	40
	3	清野友二（新）	39
	4	廣神聖哉（群）	37
	5	村上正祐（信）	36
盗塁	1	青木清隆（群）	26
	2	坂元洋平（福）	19
	3	原田和季（福）	16
	4	山田 憲（群）	15
	5	坂田一万（信）	9
	5	戸田 衛（石）	9
	5	肥田貢次（群）	9

2009シーズン リーグ&チーム成績

〈前期〉

上信越地区		試合数	勝	敗	分	勝率	差
1	群馬	36	20	14	2	.588	優勝
2	新潟	36	15	19	2	.441	5.0
3	信濃	36	14	19	3	.424	5.5

北陸地区		試合数	勝	敗	分	勝率	差
1	石川	36	21	13	2	.618	優勝
2	富山	36	21	13	2	.618	0.0
3	福井	36	10	23	3	.303	10.5

〈後期〉

上信越地区		試合数	勝	敗	分	勝率	差
1	群馬	36	22	13	1	.629	優勝
2	新潟	36	18	17	1	.514	4.0
3	信濃	36	13	21	2	.382	8.5

北陸地区		試合数	勝	敗	分	勝率	差
1	石川	36	21	14	1	.600	優勝
2	富山	36	17	18	1	.486	4.0
3	福井	36	13	21	2	.382	7.5

〈プレーオフ〉

優勝
群馬ダイヤモンドペガサス

群馬3勝1敗

群馬 1勝1分
石川 1勝2敗

群馬（通期優勝）
新潟（通期2位）※
石川（通期優勝）
富山（通期2位）※

〈上信越地区〉 〈北陸地区〉

※通期2位チームの勝ち上がる条件は3戦全勝

チーム投手成績

チーム名	防御率	試合	勝	敗	S	完投	投球回	打者	球数	被安打	被本打	奪三振	与四球	与死球	失点	自責	暴投	ボーク
群馬	2.30	72	42	27	15	8	637 1/3	2601	9258	572	29	389	143	46	218	163	20	1
石川	2.62	72	42	27	13	28	632	2589	9136	569	19	373	155	22	208	184	30	0
新潟	3.09	72	33	36	12	19	638	2680	9527	628	31	391	152	49	278	219	28	1
福井	3.14	72	23	44	9	26	625	2694	10083	591	25	455	197	49	298	218	37	1
富山	3.16	72	38	31	18	14	631 2/3	2711	9873	621	27	320	216	43	294	222	31	0
信濃	3.90	72	27	40	8	15	632	2770	9906	682	41	439	187	56	336	274	33	3

チーム打撃成績

チーム名	打率	試合	打数	得点	安打	二打	三打	本打	打点	三振	四球	死球	犠打	犠飛	盗塁	失策	併打	残塁
群馬	.269	72	2345	317	630	103	18	38	285	368	213	31	72	15	101	65	51	469
富山	.268	72	2387	300	639	84	32	19	266	361	200	26	104	16	28	81	39	546
新潟	.267	72	2398	277	640	84	20	44	253	435	150	48	108	12	20	58	40	525
信濃	.261	72	2349	270	612	97	15	30	241	361	138	80	92	14	50	68	44	494
石川	.259	72	2291	265	594	95	16	28	237	381	182	54	120	13	35	59	34	516
福井	.240	72	2284	203	548	71	23	13	181	461	167	26	95	13	64	87	50	476

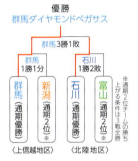

2010 SEASON

前年、２人の左腕がＮＰＢへ入団を果たしたが
チームは最下位に沈んだ。
立て直しにやってきたのは、佐野嘉幸《よしゆき》・新監督。
新戦力として韓国からチーム初となる
外国人選手を迎え入れ、
また選手登録を目指す練習生が加わり、
ともに切磋琢磨するなど
この年からチームのあり方も多様化してきた。
そしてライバルチームには、伝説的な強打者が――！

Be The Champion

2010チームスローガン

負け越しでも前期は初の地区2位 後期へ望みをつないだが…

2010

信濃は前期序盤、新潟がつまずく間に首位群馬を僅差で追う好位置につけていたが、中盤以降に連敗が続き優勝争いから脱落。終盤には最下位転落の危機もあったが、6月26日・富山戦、竜太郎の2ランでサヨナラ勝ちを収め、前期あと1試合を残して球団創設以来初の地区「2位」を確定させた。

前期は負け越したものの、2位確保でチームに勢いも生まれた。後期開幕は前期優勝の群馬相手に14安打の猛攻で8-2と快勝すると、翌日は粘りのドロー。続く2試合は1点差で競り勝ち、開幕から引き分けを挟み4連勝で幸先の良いスタートを切った。貯金を蓄え、首位で後期中盤にさしかかろうかという7月25日。この新潟戦で後期3敗目を喫するが、ここから歯車が狂い始め、まさかの10連敗。それでも一時は首位に2ゲーム差まで盛り返しプレーオフ進出に望みをつないだが、終盤にまた引き分けを挟む5連敗。夢はついえた。

この年の群馬は、新入団のカラバイヨが39試合で15本塁打と圧巻の強さを見せ、快進撃の立役者に。シーズン途中でオリックスへ移籍したが、強烈な印象を残した。

新入団のフミヒサは主力の一人に。竜太郎に次ぐチーム2位の打率.300を残し、外野守備では自慢の足を生かして広範囲をカバー。シーズンベストナインにも選ばれた

6月26日富山戦（5x-3、諏訪湖）では3-3で迎えた九回、無死一塁の場面で竜太郎が右翼スタンドへサヨナラ2ラン。チーム初の地区2位が確定

試合結果一覧

前期（36試合14勝21敗1分）

4/3(土)	●5-8	vs群馬（城南）
4(日)	○10-1	vs富山（オリスタ）
10(土)	○5-1	vs新潟（悠久山）
11(日)	○5-1	vs新潟（松本）
18(日)	●5-10	vs福井（美浜）
24(土)	●0-5	vs新潟（悠久山）
25(日)	○2-1	vs新潟（上田）
29(木)	●4-13	vs群馬（城南）
5/1(土)	○4-1	vs新潟（三機スタ）
2(日)	●0-2	vs新潟（オリスタ）
3(月)	○8x-7	vs群馬（松本）
4(火)	●5-11	vs群馬（城南）
5(水)	○17-7	vs福井（伊那）
8(土)	●3-13	vs新潟（飯田）
9(日)	○7-4	vs新潟（中野）
14(金)	●2-8	vs石川（オリスタ）
15(土)	●3-6	vs群馬（オリスタ）
16(日)	●0-4	vs群馬（城南）
21(金)	●1-2	vs新潟（五十公野）
22(土)	○3-1	vs新潟（笹山）
28(金)	△4-4	vs群馬（上田）
29(土)	●4-10	vs石川（七尾）
30(日)	●2-3x	vs石川（石川県立）
6/4(金)	●4-5	vs石川（松本）
5(土)	●2-9	vs群馬（中野）
6(日)	○8-6	vs群馬（太田）
9(水)	○6-3	vs福井（諏訪湖）
11(金)	●3-4x	vs群馬（伊勢崎）
12(土)	●1-2	vs富山（県営富山）
13(日)	●1-2	vs群馬（飯田）
16(水)	○4-2	vs群馬（小諸）
19(土)	●2-7	vs新潟（オリスタ）
20(日)	●1-7	vs新潟（悠久山）
22(火)	●0-6	vs福井（フェニスタ）
26(土)	○5x-3	vs富山（諏訪湖）
27(日)	○4-0	vs富山（アルペン）

後期（36試合13勝20敗3分）

7/3(土)	○8-2	vs群馬（藤岡）
4(日)	△13-13	vs群馬（上田）
9(金)	○2-1	vs新潟（三機スタ）
10(土)	○6-5	vs富山（となみ）
11(日)	○4-1	vs富山（伊那）
17(土)	●8-11	vs新潟（飯田）
18(日)	●5-8	vs群馬（小諸）
19(月)	○2-1	vs群馬（前橋）
24(土)	○4-1	vs新潟（上田）
25(日)	●4-7	vs新潟（悠久山）
28(水)	●4-5x	vs石川（金沢市民）
30(金)	●1-4	vs群馬（敷島）
31(土)	●0-5	vs石川（松本）
8/4(水)	●3-4x	vs新潟（エコスタ）
7(土)	●8-9	vs富山（中野）
8(日)	●2-4	vs富山（城光寺）
14(土)	●2-4	vs新潟（飯田）
15(日)	●0-3	vs新潟（エコスタ）
20(金)	●2-5	vs群馬（諏訪湖）
21(土)	○4-2	vs群馬（桐生）
22(日)	○3-2	vs新潟（オリスタ）
27(金)	●2-4	vs福井（フェニスタ）
28(土)	○3-2	vs新潟（エコスタ）
29(日)	○5-2	vs新潟（諏訪湖）
9/3(金)	○2-1	vs群馬（上田）
4(土)	●4-5	vs石川（石川県立）
5(日)	●5-8	vs石川（大町）
10(金)	●0-3	vs福井（松本）
11(土)	△8-8	vs群馬（伊勢崎）
12(日)	●3-6	vs群馬（オリスタ）
18(土)	●1-2	vs群馬（オリスタ）
19(日)	○10-4	vs新潟（オリスタ）
20(月)	△2-2	vs新潟（高田）
25(土)	●3-4	vs福井（フェニスタ）
26(日)	○8-0	vs福井（オリスタ）
28(火)	●3-7	vs群馬（藤岡）

この年、クローザーの役割を果たした飯田が、新入団ながらリーグ2位の12セーブを挙げた。打者を仕留めて気迫の雄たけびも

大砲として期待された韓国出身のムヨル。信濃にとっては初の外国人選手だった

主将を務めた大村や俊足好打の市川（=写真）、初年度から在籍した選手がこの年限りで揃って退団。市川はシーズン序盤、新人フミヒサと1・2番コンビを組むことが多かった

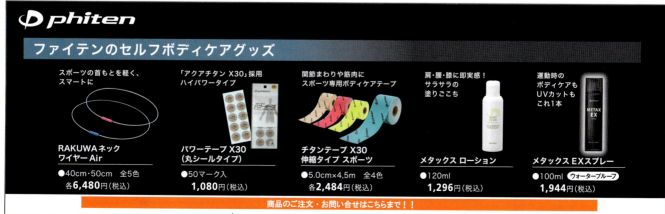

ホーム開幕戦は、社会人野球を経て新入団した杉山がマウンドを任された。8回1失点の好投で勝利に導き、シーズン通して給前と並ぶチームトップの9勝を挙げた

「地域の日」プログラム始まる

ホームゲームの各試合を特定の市町村の日と位置づけ、その市町村の子どもたちを試合に招待、ボールボーイなどとしての参加、観光PRや特産品プレゼントなどを行った。

「願いの壺」と「怒りの銅鑼」

ファンの思いやメッセージを真摯《しんし》に受け止めようと、球団へのメッセージを託す「願いの壺」と、負けたときの憂さ晴らしに鳴らす「怒りの銅鑼《どら》」を、後期からホームゲーム球場に設置。壺に寄せられたメッセージは球団職員が目を通し、返事をしたためた。

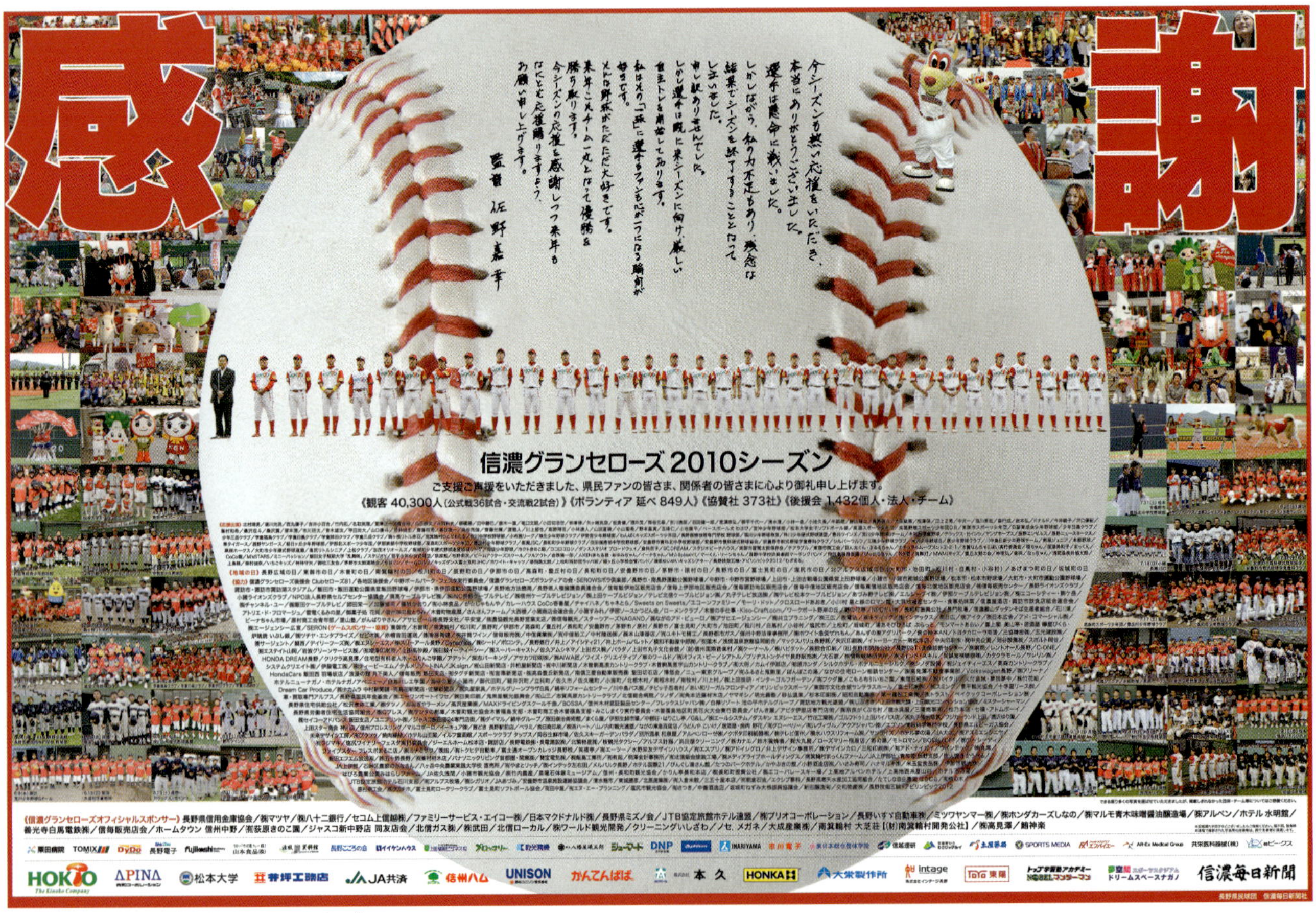

2010年10月31日掲載 信濃毎日新聞見開きページ

2010個人成績ベスト5

防御率	1	佐藤広樹（石）	1.97
	2	雨宮　敬（新）	2.05
	3	山崎猛志（石）	2.06
	4	岩井昭仁（福）	2.07
	5	藤井宏海（福）	2.14
勝利数	1	藤井宏海（福）	16
	2	石渡大介（新）	10
	2	田中孝次（富）	10
	2	山下　英（石）	10
	2	岩井昭仁（福）	10
セーブ数	1	越川昌和（群）	13
	2	飯田達也（信）	12
	3	雨宮　敬（新）	7
	4	雁部竜太（石）	6
	5	藤井宏海（福）	5
奪三振数	1	藤井宏海（福）	162
	2	岩井昭仁（福）	115
	3	給前信吾（信）	112
	3	高谷博章（福）	112
	5	田中孝次（富）	95
打率	1	織田一生（福）	.344
	2	本間　満（石）	.331
	3	戸田　衛（石）	.321
	4	北田　亘（福）	.320
	5	青木智史（新）	.317
本塁打	1	カラバイヨ（群）	15
	2	青木智史（新）	8
	2	竜太郎（信）	8
	2	成瀬友登（富）	8
	5	恭史（富）	6
	5	本間　満（石）	6
打点	1	本間　満（石）	51
	2	カラバイヨ（群）	46
	3	恭史（富）	45
	4	深澤季生（石）	44
	5	丹羽良太（群）	41
盗塁	1	戸田　衛（石）	47
	2	内田享良（福）	23
	3	山田　憲（群）	22
	4	北田　亘（福）	19
	5	志藤恭太（群）	18
	5	西川拓喜（福）	18

※首位打者は大谷尚徳（群）.386
（規定打席に14不足するも、不足数を打数として換算した打率が織田選手を上回るため）

2010シーズン リーグ&チーム成績

〈前期〉

上信越地区		試合数	勝	敗	分	勝率	差
1	群馬	36	25	8	3	.758	優勝
2	信濃	36	14	21	1	.400	12.0
3	新潟	36	10	22	4	.313	14.5

北陸地区		試合数	勝	敗	分	勝率	差
1	石川	36	20	13	3	.606	優勝
2	福井	36	17	16	3	.515	3.0
3	富山	36	14	20	2	.412	6.5

〈後期〉

上信越地区		試合数	勝	敗	分	勝率	差
1	群馬	36	19	15	2	.559	優勝
2	新潟	36	18	16	2	.529	1.0
3	信濃	36	13	20	3	.394	5.5

北陸地区		試合数	勝	敗	分	勝率	差
1	福井	36	18	15	3	.545	優勝
2	石川	36	18	16	2	.529	0.5
3	富山	36	14	18	4	.438	3.5

〈プレーオフ〉

優勝
石川ミリオンスターズ

石川3勝1敗

群馬 1勝0敗
石川 2勝1敗

群馬（通期優勝）
新潟（通期2位）※
石川（前期優勝）
福井（後期優勝）

〈上信越地区〉
〈北陸地区〉

※通期2位チームの勝ち上がる条件は3戦全勝

チーム投手成績

チーム名	防御率	試合	勝	敗	S	完投	投球回	打者	球数	被安打	被本打	奪三振	与四球	与死球	失点	自責	暴投	ボーク
石川	2.88	72	38	29	11	14	639 2/3	2664	9503	613	21	358	162	38	258	205	27	3
群馬	2.88	72	44	23	19	3	643 2/3	2719	9560	588	18	343	212	27	261	206	25	5
新潟	3.15	72	28	38	9	9	633 2/3	2630	9585	620	26	358	188	39	257	222	36	1
福井	3.48	72	35	31	7	16	635 1/3	2732	10357	561	26	497	262	47	310	246	44	7
信濃	3.51	72	27	41	14	6	631 1/3	2776	10170	668	22	394	207	61	334	246	37	8
富山	4.60	72	28	38	12	8	633 1/3	2819	10064	696	35	363	223	50	390	324	39	11

チーム打撃成績

チーム名	打率	試合	打数	得点	安打	二打	三打	本打	打点	三振	四球	死球	犠打	犠飛	盗塁	失策	併打	残塁
群馬	.297	72	2428	396	721	122	17	37	359	374	268	30	55	36	100	83	59	523
福井	.269	72	2368	274	636	95	17	17	236	402	151	56	90	21	114	85	40	503
信濃	.264	72	2364	284	625	97	21	23	255	339	189	39	77	20	44	104	55	495
石川	.256	72	2331	327	597	86	16	18	287	388	233	65	83	25	131	78	44	504
富山	.246	72	2387	284	587	81	20	34	251	409	247	34	62	9	44	86	52	546
新潟	.246	72	2359	245	580	93	14	19	228	401	166	38	90	16	46	57	41	508

MEMORIAL PHOTO GALLERY
2009-2010

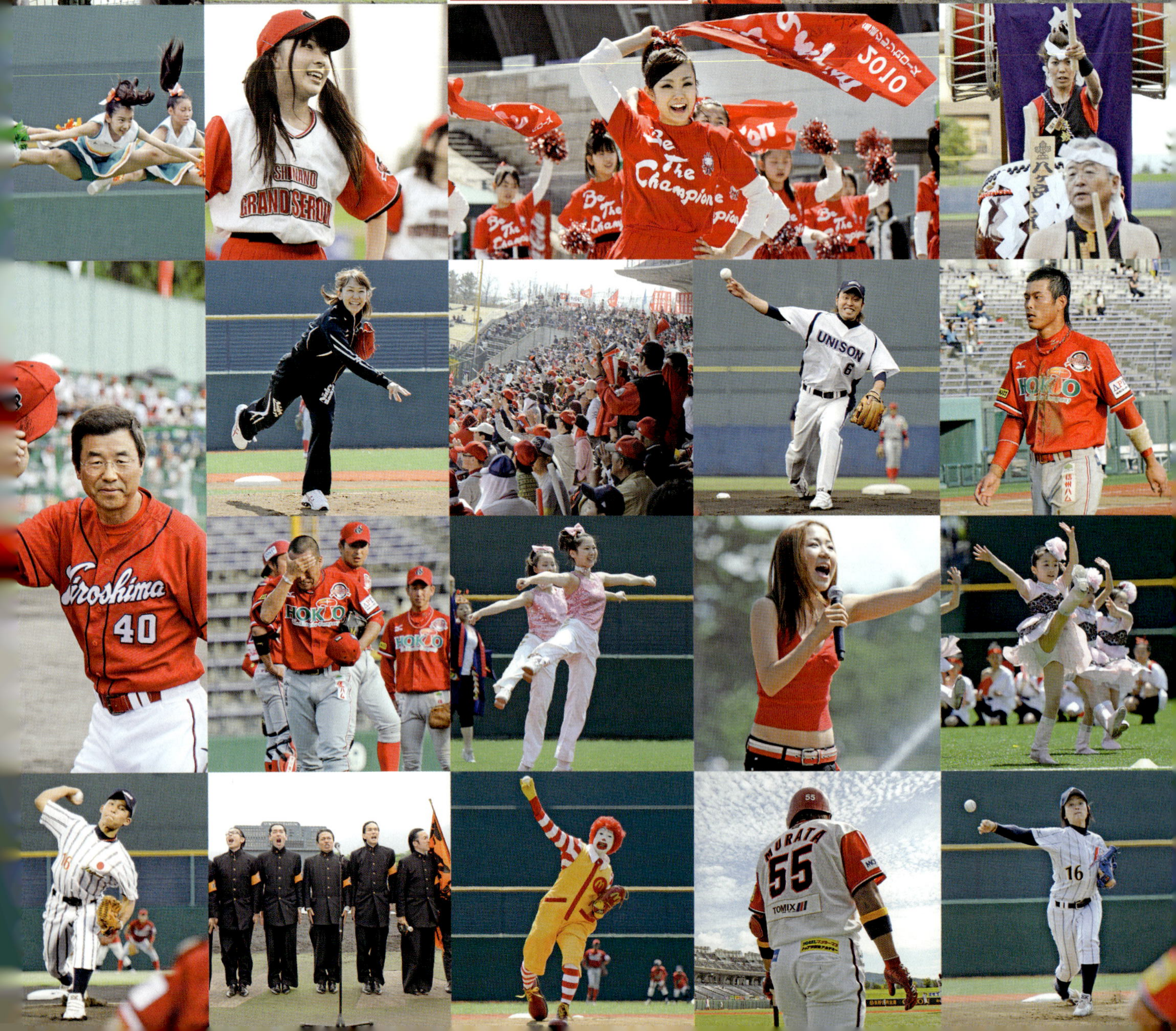

2011 SEASON

後から参入した群馬、福井にも優勝を先越され
悔しさは年々増してゆく。
守備の立て直しに新たに猿渡コーチが招聘《しょうへい》され、
酒井ピッチングコーチも新任。
2年目の佐野監督のもと、
新体制で節目の5年目を迎えた。
開幕の約1か月前、3月11日に東日本大震災が、
翌12日には長野県北部地震が起こり、
ＢＣリーグのあるべき姿を見つめ直した年でもあった。

Power Baseball

2011チームスローガン

通期勝ち越し！ ホーム胴上げの夢も…「M2」で足踏み

2011

球団創設以来、最も優勝に近づいた―それがこの年のハイライトだ。前期を振り返れば、連勝街道とは言わないまでも、過去シーズンのような長引く連敗がなく、初の「勝ち越し」で地区2位。特に最後は2失点以内で5連勝、後期へ弾みをつけた。

　そして後期も開幕3連勝。7月は13試合を勝率5割で終えたが、以降は8月5日から9月11日まで16試合を9勝3敗4分けで新潟と首位攻防。失速の不安は感じさせない。続く9月13日の直接対決で新潟を下し、信濃に「M（マジックナンバー）5」が点灯した。その勢いのまま2連勝で、ついに「M2」に―！ 残り3試合、2位新潟とのゲーム差は2。極めて有利な状況だったが、信濃はまさかの3連敗。目前で新潟に優勝をさらわれてしまった。

　だがチームは前期も後期も勝ち越しを決め、勝率、チーム防御率3・22、打率2割8分（リーグ1位）いずれも過去最高の成績。打線の核を担った竜太郎、今村、原、フミヒサの4人が打率リーグトップ5に名を連ね、1試合平均4・5得点の攻撃力はリーグでも一目置かれていただけに、優勝を逃したことは悔しい限りだった。

新入団の原はレギュラー捕手としてマスクをかぶり、打率.309でリーグ5位にランクイン。好調ぶりに4番への抜擢も

2011シーズンが開幕。東日本大震災・長野県北部地震の影響により、当初の予定から1週間遅れのスタートとなった

試合結果一覧

前期（36試合15勝13敗8分）

4/16(土)	○4-3	vs富山（諏訪湖）
17(日)	△6-6	vs群馬（オリスタ）
18(月)	●0-3	vs石川（オリスタ）
22(金)	○3-0	vs石川（金沢市民）
23(土)	●1-6	vs新潟（悠久山）
24(日)	●1-11	vs新潟（飯田）
29(金)	△3-3	vs福井（上田）
30(土)	○20-2	vs福井（中野）
5/3(火)	●1-4	vs新潟（松本）
4(水)	●0-3	vs群馬（城南）
5(木)	○12-6	vs石川（オリスタ）
7(土)	○4-3	vs群馬（城南）
8(日)	●6-7	vs群馬（伊那）
13(金)	○5-4	vs群馬（上田）
14(土)	○3-1	vs新潟（三機スタ）
15(日)	●0-3	vs新潟（小諸）
20(金)	●5-8	vs福井（福井県営）
21(土)	△0-0	vs群馬（オリスタ）
22(日)	●0-3	vs新潟（エコスタ）
27(金)	△4-4	vs新潟（三機スタ）
28(土)	○22-8	vs新潟（松本）
6/3(金)	●6-10	vs群馬（オリスタ）
4(土)	○11-4	vs新潟（中野）
5(日)	△3-3	vs石川（石川県立）
10(金)	△3-3	vs群馬（藤岡）
11(土)	△1-1	vs新潟（広神）
12(日)	△3-3	vs新潟（上田）
17(金)	○6-1	vs群馬（諏訪湖）
18(土)	●8-9	vs群馬（敷島）
19(日)	●0-3	vs群馬（伊勢崎）※
19(日)	●3-4x	vs群馬（伊勢崎）※
21(火)	○3-2	vs新潟（悠久山）
23(木)	○3-2	vs福井（三国）
24(金)	○5-1	vs富山（となみ）
25(土)	○6-2	vs富山（となみ）
26(日)	○3-2	vs富山（オリスタ）

※1日2試合開催

後期（36試合18勝12敗6分）

7/2(土)	○12-10	vs新潟（みどりと森）
3(日)	○3-2	vs群馬（茅野）
8(金)	○6-1	vs福井（上田）
9(土)	●0-1	vs福井（飯田）
10(日)	●3-4	vs新潟（美山）
16(土)	●2-7	vs新潟（荒川）
17(日)	○3-2	vs新潟（小諸）
18(月)	○6-4	vs石川（加賀）
23(土)	●1-8	vs新潟（大町）
24(日)	△3-3	vs新潟（笹山）
29(金)	○4-2	vs新潟（オリスタ）
30(土)	●2-3x	vs福井（フェニスタ）
31(日)	●2-4	vs福井（福井県営）
8/5(金)	○3-1	vs富山（となみ）
6(土)	△2-2	vs群馬（太田）
12(金)	●5-6	vs群馬（上田）
13(土)	○5-3	vs群馬（城南）
14(日)	△5-5	vs群馬（長野県営）
19(金)	△4-4	vs富山（アルペン）
20(土)	○3-2	vs群馬（オリスタ）
21(日)	○6-5	vs群馬（本庄）
26(金)	○5-0	vs新潟（オリスタ）
27(土)	○3-1	vs富山（飯田）
28(日)	●2-11	vs新潟（諏訪湖）
9/3(土)	△5-5	vs新潟（エコスタ）
4(日)	●0-7	vs群馬（敷島）
9(金)	○7-6	vs群馬（伊那市営）
10(土)	○10-4	vs新潟（五泉）
11(日)	○5-2	vs富山（オリスタ）
13(火)	○8-3	vs新潟（松本）
17(土)	○13-10	vs石川（中野）
18(日)	△9-9	vs石川（オリスタ）
19(月)	○6-1	vs群馬（城南）
23(金)	●1-9	vs石川（石川県立）
24(土)	●4-9	vs群馬（松本）
25(日)	●3-4	vs群馬（伊勢崎）

ベネズエラ出身のペレスは、この年の本塁打数（12本）リーグ1位。9月17日、石川に勝利し優勝まで「M3」となった試合では、満塁弾も放った

元NPB投手、日ハムでエースとして活躍した金村が入団したことも、注目のニュースだった

この年の主将は3年目の松本。守りの要の遊撃手として全試合に出場し、打線ではつなぎ役に徹した

右腕の鈴木はこれまでの先発・中継ぎ起用から、3年目で抑えを任されることに。リーグ3位の10セーブをマークした

震災の支援募金活動

信濃グランセローズは、3月17日以降に行われた練習試合、オープン戦、公式戦、野球教室などイベントにおいて、東日本大震災および長野県北部地震の支援募金を呼びかけた。91万4000円余りの義援金が寄せられ、球団は4月25日、信濃毎日新聞社の義援金受付窓口に届けた。

桑田真澄・BCLドリーム選抜！復興支援野球交流戦

BCリーグでは、福島県復興支援野球交流戦として、桑田真澄氏が監督を務める「BCリーグドリーム選抜」を組み、福島県社会人野球県北選抜チームと対戦した。9月14日、県営あづま球場（福島市）で行われ、試合は○4－1でBCリーグドリーム選抜が勝利。BCリーグドリーム選抜はBCリーグの選手とNPBのOB選手で構成された。

子育て支援デー

9月18日・長野オリスタのホームゲームでは、有資格スタッフが常駐する託児ルームを設置。未就園・未就学児童を持つ親にもゆっくり野球観戦をしてもらうことが狙いで、チームとしては初めての企画だった。

2011年9月30日掲載 信濃毎日新聞見開きページ

2011個人成績ベスト5

防御率
1 間曽晃平 (新) 1.65
2 雨宮 敬 (新) 1.79
3 武蔵 (富) 1.87
4 渡辺貴洋 (新) 1.94
5 日名田城宏 (富) 1.97

勝利数
1 南 和彰 (石) 12
2 雨宮 敬 (新) 11
3 杉山 慎 (信) 11
4 百合翔吾 (富) 10
5 藤井宏海 (福) 9

セーブ数
1 高津臣吾 (新) 16
2 清水貴之 (群) 15
3 鈴木幸介 (信) 10
4 武蔵 (富) 8
5 佐藤広樹 (石) 7

奪三振数
1 南 和彰 (石) 140
2 高谷博章 (福) 126
3 日名田城宏 (富) 107
4 雨宮 敬 (新) 105
5 藤井宏海 (福) 89

打率
1 稲葉大樹 (新) .370
2 竜太郎 (信) .363
3 今村亮太 (信) .328
4 島袋涼平 (富) .313
5 原 大輝 (信) .309
5 フミヒサ (信) .309

本塁打
1 ペレス (信) 12
2 福岡良州 (新) 11
2 青木智史 (新) 11
2 謝敷正吾 (石) 11
2 聖哉 (群) 11

打点
1 福岡良州 (新) 48
2 聖哉 (群) 46
3 謝敷正吾 (石) 45
4 フミヒサ (信) 44
5 ペレス (信) 43

盗塁
1 新井伸太郎 (群) 22
2 西川拓喜 (福) 21
3 駒井昌之 (富) 20
4 戸田 衛 (石) 18
5 内田享良 (福) 15

2011シーズン リーグ&チーム成績

〈前期〉

上信越地区		試合数	勝	敗	分	勝率	差
1	群馬	36	21	9	6	.700	優勝
2	信濃	36	15	13	8	.536	5.0
3	新潟	36	14	14	8	.500	6.0

北陸地区		試合数	勝	敗	分	勝率	差
1	石川	36	14	16	6	.467	優勝
2	富山	36	15	18	3	.455	0.5
3	福井	36	11	20	5	.355	3.5

〈後期〉

上信越地区		試合数	勝	敗	分	勝率	差
1	新潟	36	21	12	3	.636	優勝
2	信濃	36	18	12	6	.600	1.5
3	群馬	36	14	18	4	.438	6.5

北陸地区		試合数	勝	敗	分	勝率	差
1	福井	36	18	16	2	.529	優勝
2	石川	36	15	17	4	.469	2.0
3	富山	36	10	21	5	.323	6.5

〈プレーオフ〉

優勝
石川ミリオンスターズ

石川3勝1敗

新潟 2勝0敗
石川 2勝0敗

群馬(前期優勝)
新潟(後期優勝)
石川(前期優勝)
福井(後期優勝)

〈上信越地区〉 〈北陸地区〉

チーム投手成績

チーム名	防御率	試合	勝	敗	S	完投	投球回	打者	球数	被安打	被本打	奪三振	与四球	与死球	失点	自責	暴投	ボーク
新潟	2.96	72	35	26	24	3	631 2/3	2631	10203	564	26	490	238	46	246	208	26	4
富山	3.16	72	25	39	13	11	620 1/3	2657	9736	596	26	352	219	59	255	218	19	11
群馬	3.17	72	35	27	19	1	633	2672	9945	567	32	402	215	54	294	223	37	9
信濃	3.22	72	33	25	18	5	635	2699	9866	605	37	407	208	38	298	227	27	10
石川	3.79	72	29	33	11	17	625 1/3	2748	10114	629	24	433	232	61	324	263	24	0
福井	3.84	72	29	36	8	22	627 1/3	2702	9881	607	31	475	251	46	317	268	31	12

チーム打撃成績

チーム名	打率	試合	打数	得点	安打	二打	三打	本打	打点	三振	四球	死球	犠打	犠飛	盗塁	失策	併打	残塁
信濃	.280	72	2310	328	646	97	26	34	304	416	249	73	105	19	46	103	59	542
群馬	.264	72	2338	327	618	101	19	32	300	438	254	37	79	16	98	82	39	515
新潟	.260	72	2322	306	603	89	13	41	273	428	214	52	79	9	77	61	45	480
福井	.255	72	2268	252	578	77	22	22	219	420	176	34	128	16	74	62	38	480
富山	.253	72	2276	238	576	78	21	22	216	465	258	54	105	11	52	67	46	582
石川	.246	72	2224	283	547	85	17	25	247	392	212	54	114	21	76	79	48	458

2012 SEASON

就任3季目を迎えるのは、佐野監督が初めてのこと。
あと一歩で優勝を逃した前年の雪辱を果たさんとする
信濃の気合いはみなぎっていた。
NPB経験者、ライバル球団からの移籍組、
ベネズエラからの強力助っ人、
多彩な新戦力を迎え入れ、いざ開幕——！
この年からNPB（ファーム）との対戦が
公式戦に組み込まれたことも、
良い刺激になっていく。

Win a Victory

2012チームスローガン

「優勝」の実現は来季へ持ち越すも
チーム初のプレーオフ進出！

2012

NPBから大平（日ハム）や髙田（阪神）、BCリーグのライバル球団から大谷（群馬）とハヤト（新潟）。即戦力選手を新たに獲得し、悲願の初優勝に向け新シーズンを踏み出した。しかし前期は、チームの過去に例がない開幕6連敗。打てず守れずの苦しい流れが変わったのは、5月下旬のことだった。投打がかみ合い始め、5月30日群馬戦（松本）では延長十回、4番・原の二塁打でサヨナラ勝ち。6月は10勝5敗1分けと大きく勝ち越し、首位新潟に迫る勢いを見せた。

後期は開幕3連勝で始まり、連敗も長くて3つまで。19勝17敗と勝ち越しで首位攻防に絡んだか…と思いきや、とにかく新潟が強かった。特に後期はリーグ史上最速の17試合目でマジックが点灯、勝率8割を超え、対戦成績も群馬に勝ち越し、北陸3球団には全勝。信濃は唯一勝率5割に持ち込み、通期2位で初のプレーオフ進出を決めた。

上信越地区チャンピオンシップは、1戦も落とせないプレッシャーのなか、終盤に粘りを見せるが初戦敗退。「優勝」というタイトル獲得はまたも持ち越された。

チーム初の外国人投手で、ベネズエラ出身のカルロスが先発の一角を担った。後期の開幕投手にも抜擢され、篠田との零封リレーで石川に1-0と競り勝つ

初のプレーオフ進出！ 9月29日の初戦で通期優勝の新潟に敗れたが、九回、竜太郎が意地の2ラン

試合結果一覧

前期 (36試合16勝18敗2分)

4/21(土)	●5-7	vs群馬 (敷島)
22(日)	●0-5	vs群馬 (上田)
25(水)	●1-3	vs富山 (桃山)
28(土)	△1-1	vs福井 (三国)
29(日)	●1-2	vs福井 (福井県営)
30(月)	●1-3	vs福井 (三国)
5/3(木)	●6-10	vs横浜 (伊那)
4(金)	○2-0	vs横浜 (オリスタ)
12(土)	●6-12	vs富山 (松本)
13(日)	○5-3	vs富山 (中野)
18(金)	●2-3	vs石川 (石川県立)
19(土)	●2-6	vs石川 (諏訪湖)
20(日)	○7-3	vs群馬 (上田)
23(水)	○9-2	vs新潟 (オリスタ)
25(金)	○5-0	vs富山 (となみ)
26(土)	●3-8	vs新潟 (飯田)
27(日)	●4-14	vs新潟 (みどりと森)
30(水)	○6x-5	vs群馬 (松本)
6/1(金)	△5-5	vs新潟 (松本)
2(土)	○12-1	vs群馬 (前橋市民)
3(日)	○8-4	vs福井 (中野)
6(水)	○4-0	vs石川 (上田)
8(金)	●7-8	vs石川 (石川県立)
10(日)	○8x-7	vs群馬 (小諸)
12(火)	●4-6	vs新潟 (みどりと森)
15(金)	○11-5	vs石川 (石川県立)
16(土)	○1-0	vs福井 (オリスタ)
17(日)	○3-1	vs福井 (諏訪湖)
20(水)	●6-8	vs石川 (上田)
22(金)	●1-9	vs新潟 (悠久山)
24(日)	○5-4	vs群馬 (敷島)
28(木)	○2-1	vs群馬 (藤岡)
29(金)	●2-3	vs新潟 (オリスタ)
30(土)	○5-4	vs富山 (オリスタ)
7/3(火)	●2-4	vs富山 (立山)
5(木)	●3-5	vs新潟 (見附)

後期 (36試合19勝17敗0分)

7/14(土)	○1-0	vs石川 (茅野)
15(日)	○4-1	vs石川 (飯田)
16(月)	○4-3	vs新潟 (オリスタ)
18(水)	●1-2x	vs群馬 (敷島)
21(土)	○8-2	vs富山 (オリスタ)
22(日)	○8-4	vs新潟 (オリスタ)
25(水)	○8-2	vs群馬 (長野県営)
26(木)	●4-8	vs横浜 (諏訪湖)
28(土)	●5-12	vs群馬 (松本)
29(日)	○4-2	vs福井 (フェニスタ)
8/1(水)	○8-7	vs石川 (石川県立)
4(土)	●7-8	vs横浜 (中野)
5(日)	●0-3	vs新潟 (畑野)
8(水)	○2-1	vs新潟 (三機スタ)
10(金)	○7-0	vs福井 (上田)
11(土)	●1-2	vs石川 (石川県立)
12(日)	●10-11	vs富山 (城光寺)
17(金)	●1-3	vs石川 (石川県立)
18(土)	○6-4	vs富山 (アルペン)
19(日)	○3-0	vs福井 (オリスタ)
25(土)	●1-6	vs福井 (伊那)
26(日)	○3-2	vs群馬 (飯田)
28(火)	○6-2	vs群馬 (敷島)
31(金)	●1-2	vs新潟 (諏訪湖)
9/1(土)	●2-8	vs新潟 (五十公野)
2(日)	○6-0	vs富山 (アルペン)
5(水)	●3-4	vs群馬 (敷島)
8(土)	●1-3	vs福井 (三国)
9(日)	●1-5	vs福井 (敦賀)
12(水)	○12-0	vs群馬 (オリスタ)
15(土)	○11-4	vs新潟 (小諸)
16(日)	○9-3	vs群馬 (藤岡)
17(月)	●4-5	vs富山 (オリスタ)
21(金)	●5-7	vs富山 (上田)
22(土)	●6-10	vs新潟 (悠久山)
23(日)	○2-1	vs石川 (松本)

※横浜はファーム

2年目の篠田がクローザーとして活躍。抜群の安定感を誇り、リーグ新記録(当時)の最多セーブ(18S)、最優秀防御率(1.25)の2冠に輝いた

新入団の大平はNPB(日本ハム)経験者。この年全試合に出場し、リーグ1位の9本塁打、チーム1の36打点と打撃で貢献した

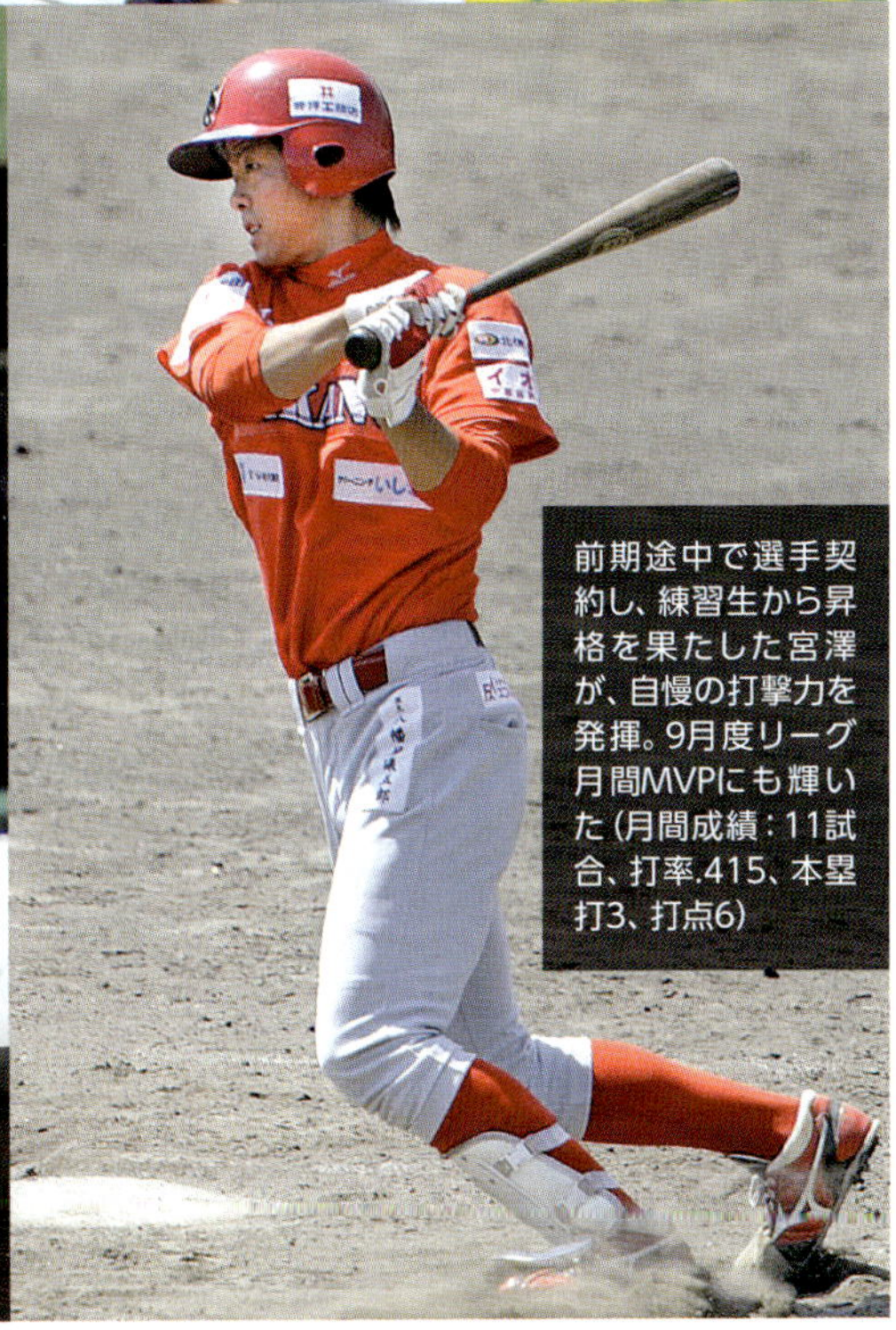

前期途中で選手契約し、練習生から昇格を果たした宮澤が、自慢の打撃力を発揮。9月度リーグ月間MVPにも輝いた(月間成績：11試合、打率.415、本塁打3、打点6)

負けられない！初のプレーオフ出場

信濃初めてのプレーオフは、通期2位での出場のため3戦全勝が勝ち上がる条件。新潟は最多勝利と最多奪三振のタイトルを獲得したエース・寺田を先発マウンドに送るが、先にチャンスをつかんだのは信濃だった。二回、無死一・三塁。しかしスクイズ失敗と三振で得点を逃し、その裏に新潟が先制。打撃戦となった終盤には信濃も粘りを見せたが、力及ばなかった。

Mobage杯BCリーグプレーオフ 上信越地区チャンピオンシップ第1戦（9月29日、三機スタ）

チーム名	1	2	3	4	5	6	7	8	9	計
信濃	0	0	0	0	0	0	2	0	2	4
新潟	0	1	0	0	0	3	2	0	×	6

（信）髙田、杉山、カルロス、秀義、飯田一原
（新）寺田、羽豆、ロバート一平野

野手ではチーム初ー原、NPBへ

この年のNPBドラフト会議で、在籍2年目の原大輝選手がオリックスから育成1位指名を受けた。信濃からは4人目だが、野手としては初の快挙だった。2年間の通算成績は143試合499打数151安打、打率3割3厘、本塁打4、打点68。

One for All, All for Victory

信濃グランセローズ2012シーズン すべての皆様に感謝申し上げます。
《観客 26,544人（公式戦38試合）》《ボランティア 延べ 747人》《協賛社 496社》《後援会 592個人・法人・チーム》《Grazie club会員 498人》

2012年10月16日掲載 信濃毎日新聞見開きページ

2012個人成績ベスト5

部門	順位	選手	成績
防御率	1	篠田朗樹（信）	1.25
	2	ハモンド（石）	1.85
	3	森本将太（福）	1.98
	4	阿部拳斗（新）	2.299
	5	高谷博章（福）	2.305
勝利数	1	寺田哲也（新）	14
	2	阿部拳斗（新）	13
	3	南　和彰（石）	11
	3	ハモンド（石）	11
	5	間曽康平（新）	10
	5	森本将太（福）	10
セーブ数	1	篠田朗樹（信）	18
	2	杉山直久（富）	12
	2	清水信寿（群）	12
	4	ロバート（新）	11
	5	鈴木幸介（石）	10
奪三振数	1	寺田哲也（新）	145
	2	森本将太（福）	128
	3	南　和彰（石）	114
	4	ハモンド（石）	100
	5	阿部拳斗（新）	84
打率	1	有澤　渉（富）	.350
	2	野呂大樹（新）	.335
	3	稲葉大樹（新）	.330
	4	小倉信之（石）	.320
	5	日野悠三（富）	.316
本塁打	1	大平成一（信）	9
	2	マルコス（信）	6
	2	大松陽平（群）	6
	4	平野進也（新）	5
	4	福岡良州（新）	5
	4	島袋涼平（富）	5
	4	エスピノサ（群）	5
打点	1	平野進也（新）	61
	2	福岡良州（新）	59
	2	謝敷正吾（石）	59
	4	マルコス（信）	45
	5	島袋涼平（富）	44
盗塁	1	野呂大樹（新）	37
	2	金森将平（福）	30
	3	新井伸太郎（群）	25
	4	小倉信之（石）	23
	4	西川拓喜（福）	23

2012シーズン リーグ&チーム成績

〈前期〉

上信越地区		試合数	勝	敗	分	勝率	差
1	新潟	36	21	13	2	.618	優勝
2	信濃	36	16	18	2	.471	5.0
3	群馬	36	12	23	1	.343	9.5

北陸地区		試合数	勝	敗	分	勝率	差
1	石川	36	21	12	3	.636	優勝
2	福井	36	17	16	3	.515	4.0
3	富山	36	16	19	1	.457	6.0

〈後期〉

上信越地区		試合数	勝	敗	分	勝率	差
1	新潟	36	29	7	0	.806	優勝
2	信濃	36	19	17	0	.528	10.0
3	群馬	36	13	22	1	.371	15.5

北陸地区		試合数	勝	敗	分	勝率	差
1	福井	36	17	18	1	.486	優勝
2	富山	36	13	21	2	.382	3.5
3	石川	36	13	22	1	.371	4.0

〈プレーオフ〉

優勝
新潟アルビレックス・ベースボール・クラブ

新潟3勝0敗

新潟 1勝0敗
新潟（通期優勝）
信濃（通期2位）※
〈上信越地区〉

福井 2勝1分
石川（前期優勝）
福井（後期優勝）
〈北陸地区〉

※通期2位チームの勝ち上がる条件は3戦全勝

チーム投手成績

チーム名	防御率	試合	勝	敗	S	完投	投球回	打者	球数	被安打	被本打	奪三振	与四球	与死球	失点	自責	暴投	ボーク
福井	2.56	72	34	34	11	15	639 2/3	2704	9894	550	13	461	222	54	243	182	44	2
新潟	2.84	72	50	20	21	7	640 1/3	2679	10004	582	22	450	198	31	255	202	21	3
信濃	3.42	72	35	35	18	3	633 2/3	2783	10220	660	19	395	231	62	299	241	34	5
石川	3.61	72	34	34	12	16	626	2707	9894	625	34	460	187	48	324	251	24	1
群馬	3.64	72	25	45	12	5	629 2/3	2785	10333	666	16	379	233	51	326	255	28	5
富山	4.17	72	29	40	16	6	632 1/3	2807	10314	655	27	367	257	66	355	293	30	4

チーム打撃成績

チーム名	打率	試合	打数	得点	安打	二打	三打	本打	打点	三振	四球	死球	犠打	犠飛	盗塁	失策	併打	残塁
新潟	.285	72	2470	408	705	124	19	19	379	370	280	69	19	31	104	69	40	593
富山	.267	72	2419	301	646	105	7	22	265	413	265	63	49	22	55	71	54	608
石川	.264	72	2344	290	618	74	18	12	257	398	226	54	60	20	96	92	43	537
信濃	.257	72	2365	320	608	93	19	35	286	380	214	59	65	16	44	80	48	502
福井	.250	72	2398	234	600	73	16	10	210	435	177	33	63	10	78	76	35	530
群馬	.231	72	2367	233	546	67	16	27	220	511	168	36	46	10	83	83	38	483

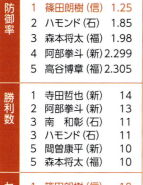

MEMORIAL PHOTO GALLERY

2011-2012

2013 SEASON

３年間チームを率いた佐野監督から、
岡本哲司新監督に交代。
チームにはプレーイングコーチ２人を筆頭に、
元ドラフト１位投手らＮＰＢ経験者も増えた。
外国人選手の多さも際立つが、その実力は―？
また、この年ＢＣリーグは「国際化元年」を掲げ、
日米独立リーグ対抗戦を実施。
信濃は初の海外遠征に赴《おもむ》き、
ハワイで交流戦も行った。

挑戦

Ideal Performance State

2013チームスローガン

新潟に地区首位独走を許す
信濃は通期2位懸け群馬との最終戦へ

2013

岡本新監督率いる7年目の信濃。前年、福井が地区優勝を果たし、ふたたびリーグで唯一優勝を経験していないチームとなり、期待と不安が入り混じる船出だ。シーズン初戦は、3季連続開幕投手を務める杉山が富山打線を7回1失点に抑え、打っては下位打線も奮起して5―2と白星で飾った。中盤の5月は一進一退で首位新潟を僅差で追うが、5月下旬〜6月上旬のハワイ遠征を挟み5連敗。6月は2勝10敗1分けと負けが続いて新潟に突き放された。

後期は新生チームかと思えるほど打線に勢いが生まれたが、対新潟戦では敗戦が続き、前期（5月25日）から12連敗。8月17日にようやく白星を勝ち取るが、シーズン通算で4勝19敗と多数の勝ち星を献上してしまった。

9月6日、新潟は9試合を残し早くも後期優勝を決め、信濃は「通期2位」でのプレーオフ進出に懸けることに。群馬との順位争いはシーズン最終戦の直接対決までもつれこんだが、1―4で敗れ、シーズンは幕を閉じた。

信濃は前期が苦しすぎた。13勝22敗1分と、半期勝率（3割7分1厘）がチーム史上ワーストだったことが最後まで響いた。

日米独立リーグ対抗戦、ハワイ・スターズ交流戦前に歓迎を受ける（5月28日、ハワイ島フランシス・ウォング球場）

杉山、甲斐らとともに先発の柱として活躍した有斗（あると）。勝利数（9勝）、奪三振数（91K）ともリーグ5位にランクイン

試合結果一覧

前期（36試合13勝22敗1分）

4/13(土)	○5-2	vs富山（松本）
14(日)	●2-6	vs富山（城光寺）
19(金)	●0-7	vs新潟（みどりと森）
20(土)	●9-12	vs新潟（上田）
27(土)	○7-5	vs群馬（太田）
28(日)	●1-3	vs群馬（伊那）
29(月)	○4-0	vs群馬（城南）
5/3(金)	○18-4	vs群馬（中野）
4(土)	○5-2	vs福井（オリスタ）
5(日)	●3-5	vs群馬（小諸）
6(月)	○5-3	vs石川（長野県営）
10(金)	●0-3	vs新潟（オリスタ）
12(日)	○4-1	vs福井（敦賀）
17(金)	●1-5	vs群馬（敷島）
18(土)	○4x-3	vs群馬（諏訪湖）
19(日)	●4-7	vs群馬（城南）
21(火)	○4-2	vs新潟（見附）
22(水)	●0-4	vs石川（石川県立）
24(金)	○7-5	vs富山（松本）
25(土)	●3-4x	vs新潟（悠久山）
26(日)	●0-1	vs新潟（オリスタ）
6/7(金)	●1-2	vs新潟（悠久山）
8(土)	●3-5	vs新潟（中野）
9(日)	●2-8	vs富山（県営富山）
12(水)	○4-1	vs石川（石川県立）
14(金)	●2-8	vs新潟（オリスタ）
15(土)	●3-8	vs新潟（高田）
16(日)	●3-10	vs福井（飯田）
22(土)	●0-1	vs新潟（エコスタ）
23(日)	●1-4	vs群馬（茅野）
24(月)	○2-1	vs群馬（上田）
28(金)	△2-2	vs石川（松本）
29(土)	●3-5	vs新潟（オリスタ）
30(日)	●2-9	vs群馬（城南）
7/1(月)	○5-2	vs福井（福井県営）
2(火)	●0-10	vs群馬（城南）

後期（36試合18勝18敗0分）

7/6(土)	●4-9	vs石川（オリスタ）
7(日)	○3-1	vs群馬（藤岡）
14(日)	●4-6	vs新潟（飯田）
15(月)	○4-3	vs富山（桃山）
19(金)	○15-0	vs福井（三国）
20(土)	●3-5	vs新潟（長野県営）
21(日)	●0-2	vs新潟（高田）
26(金)	○5-2	vs群馬（前橋市民）
27(土)	○11-1	vs群馬（諏訪湖）
28(日)	○6-5	vs富山（上田）
8/1(木)	○13-3	vsハワイ（オリスタ）
3(土)	○5-3	vsマウイ（オリスタ）
4(日)	○2-1	vs福井（伊那）
9(金)	○6-5	vs群馬（前橋市民）
10(土)	●0-3	vs石川（弁慶）
11(日)	●7-11	vs富山（飯田）
14(水)	○7-4	vs群馬（敷島）
16(金)	●2-3	vs新潟（三機スタ）
17(土)	○5-1	vs新潟（上田）
18(日)	●1-2x	vs新潟（三機スタ）
21(水)	●1-3	vs新潟（みどりと森）
24(土)	●1-3	vs群馬（藤岡）
25(日)	●4-10	vs新潟（オリスタ）
30(金)	○2-1	vs福井（松本）
31(土)	○5-3	vs群馬（敷島）
9/1(日)	●3-13	vs群馬（茅野）
4(水)	●1-8	vs群馬（諏訪湖）
6(金)	●3-5	vs群馬（上田）
7(土)	○1-0	vs新潟（エコスタ）
14(土)	○9-2	vs石川（石川県立）
17(火)	●0-2	vs福井（三国）
19(木)	○7-3	vs新潟（小諸）
21(土)	○2-1	vs石川（中野）
22(日)	●4-7	vs富山（桃山）
23(月)	●5-9	vs新潟（松本）
25(水)	●1-4	vs群馬（長野県営）

新入団投手の一人、柴田は150キロ超の速球派右腕。中継ぎから、後期は先発に転向して好投し、この年のドラフトでNPBへ！

元NPBドラフト1位（オリックス）の甲斐が入団。7月7日群馬戦（藤岡）では前期リーグ三冠王の強打者カラバイヨからの2三振を含め8K、8月30日福井戦（松本）では9Kの奪三振ショー

6月8日、WBC胴上げ投手の大塚晶文（あきのり）投手の入団会見が行われた。日米野球界で豊富な実績を持つ投手の入団は注目を集めた

ロッテで内野手として活躍した渡辺正人が、プレーイングコーチ（守備・走塁）に就任。一時はケガで離脱も、復帰後は途中加入の西田らと二遊間守備を固める

国際化元年！日米独立リーグ対抗戦

米独立リーグ「パシフィック・アソシエーション」との対抗戦が開催。「ハワイラウンド」では信濃・石川2チームがハワイで交流戦を行い、日米独立リーグの誇りを懸けた対決に臨んだ。日本国内で戦う「日本ラウンド」はBCリーグの公式戦として扱われ、チーム・個人の成績に反映。信濃は両ラウンドでハワイ・スターズ、マウイ・イカイカと各4試合を行い、“ナックル姫”こと吉田えり投手（当時マウイ所属）とも対戦した。

ハワイラウンド第2戦、甲斐が3回を7奪三振
(vsハワイ・スターズ 7-2、現地時間5月29日)

ハワイラウンド（交流戦）
※日程は米現地時間

5月28日	○5-3	vsハワイ
29日	○7-2	vsハワイ
30日	●2-5	vsハワイ
31日	●0-3	vsマウイ
6月1日	○7-2	vsマウイ
2日	●4-5	vsマウイ

日本ラウンド
（BCリーグ公式戦扱い）

8月1日	○13-3	vsハワイ
3日	○5-3	vsマウイ

ベースボール犬「わさび」活躍中！

2008年から、信濃のホームゲームで始球式のボールを運ぶ“ベースボール犬”として活躍している柴犬「わさび」。この年は、NPBオールスターゲームの大舞台も経験し、ヤクルトなど各球団からもオファーを受ける人気者となった。

「わさび」は2018年3月、世界初の柴犬のベースボール犬として10年以上活動した功績を称えられ、日本動物大賞の審査委員特別賞も受賞！

ドラフト7位、チーム初の本指名！柴田がオリックスへ

チーム屈指の速球派右腕として中継ぎ、先発で活躍した柴田健斗投手が、この年のNPBドラフト会議でオリックスから7巡目指名を受けた。育成枠ではなく本指名されるのはチーム初（BCリーグでは3人目）。シーズン成績は35試合（54回2／3）、0勝2敗0セーブ、防御率2・63。

FIELD OF RED DREAMS

挑戦が続く限り、信濃に息づく赤い魂は燃え続ける

信濃グランセローズ 2013シーズン すべての皆様に感謝申し上げます。《観客 25,016人（公式戦37試合）》《ボランティア 延べ 699人》《協賛社 489社》《後援会 500個人・法人・チーム》《Grazie club会員 474人》

《信濃グランセローズオフィシャルスポンサー》しんきん／八十二銀行／セコム上信越㈱／㈱小澤運送店／㈱中嶋製作所／ウォータージャパン／松澤工業㈱／長野県ミズノ会／ヴィラ・デ・マリアージュ 長野 松本 軽井沢／長野いすゞ自動車／ミツワヤンマー㈱／㈱ホンダカーズしなの／㈱マルモ青木味噌醤油醸造場／アルペン・スポーツデポ／アート梱包運輸㈱／信毎販売店会／ホームタウン信州中野／㈲荻原きのこ園／イオン中野店同友店会／北信ガス㈱／㈱武田／北信ローカル／㈱ワールド観光開発／クリーニングいしざわ／ノセ メガネ／大成産業／南賀輪村 大芝荘／いい水と暮らそう クリクラ 高見澤／鮪神楽／三井住友海上／㈱綿内瓦工業／俺のステーキジョー

HOKTO　APINA　松本大学　寺坪工務店　JA共済　栗田病院　UNISON　ティービーエム　本久　上田髙砂殿　大栄製作所　intage　東陽　信菱電機　DyDo　信濃毎日新聞

2013年10月10日掲載 信濃毎日新聞見開きページ

2013個人成績ベスト5

部門	順位	選手	記録
防御率	1	寺田哲也 (新)	1.35
	2	上條優太 (石)	1.75
	3	佐藤弘輝 (新)	2.01
	4	秦　裕二 (富)	2.16
	5	上野和彦 (新)	2.40
勝利数	1	寺田哲也 (新)	15
	2	南　和彰 (石)	12
	3	栗山　賢 (群)	11
	4	佐藤弘輝 (新)	10
	5	有斗 (信)	9
	5	杉山　慎 (信)	9
	5	髙塩将樹 (富)	9
セーブ数	1	篠田朗樹 (信)	19
	2	羽豆　恭 (新)	17
	2	大竹秀義 (富)	17
	4	木田優夫 (石)	15
	5	清水信寿 (群)	12
奪三振数	1	山崎正貴 (福)	115
	2	南　和彰 (石)	112
	3	寺田哲也 (新)	107
	4	栗山　賢 (群)	94
	5	有斗 (信)	91
打率	1	デニング (新)	.370
	2	カラバイヨ (群)	.366
	3	稲葉大樹 (新)	.345
	4	足立尚也 (新)	.331
	5	野原祐也 (富)	.330
本塁打	1	カラバイヨ (群)	24
	2	バルデス (石)	10
	3	福岡良州 (新)	8
	4	大平成一 (信)	7
	4	大松陽平 (群)	7
打点	1	カラバイヨ (群)	63
	2	大松陽平 (群)	52
	3	荒井勇介 (新)	48
	4	バルデス (石)	40
	5	大平成一 (信)	39
盗塁	1	野原祐也 (富)	36
	2	池田　卓 (新)	29
	3	谷口貴之 (石)	25
	4	小林恭兵 (福)	24
	5	佑紀 (新)	20
	5	金森将平 (福)	20

2013シーズン リーグ&チーム成績

〈前期〉

上信越地区		試合数	勝	敗	分	勝率	差
1	新潟	36	26	9	1	.743	優勝
2	群馬	36	16	18	2	.471	9.5
3	信濃	36	13	22	1	.371	13.0

北陸地区		試合数	勝	敗	分	勝率	差
1	石川	36	19	14	3	.576	優勝
2	富山	36	20	15	1	.571	0.0
3	福井	36	8	24	4	.250	10.5

〈後期〉

上信越地区		試合数	勝	敗	分	勝率	差
1	新潟	36	26	7	3	.788	優勝
2	信濃	36	18	18	0	.500	9.5
3	群馬	36	15	19	2	.441	11.5

北陸地区		試合数	勝	敗	分	勝率	差
1	福井	36	17	16	3	.515	優勝
2	富山	36	15	20	1	.429	3.0
3	石川	36	15	21	0	.417	3.5

〈プレーオフ〉

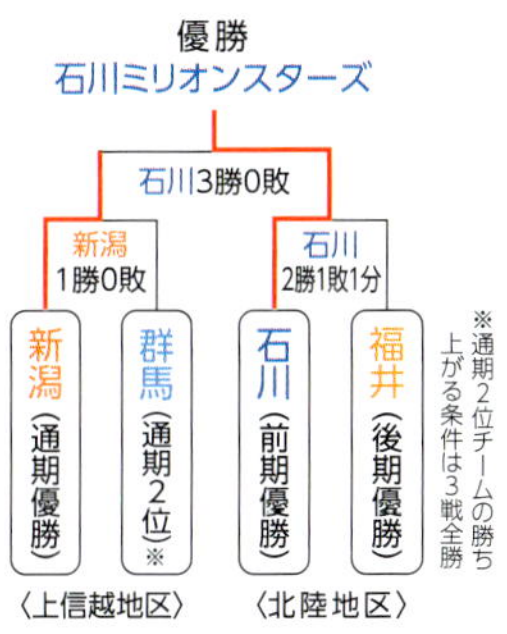

チーム投手成績

チーム名	防御率	試合	勝	敗	S	完投	投球回	打者	球数	被安打	被本打	奪三振	与四球	与死球	失点	自責	暴投	ボーク
新潟	2.39	72	52	16	19	5	640	2628	10441	537	23	475	207	30	197	170	19	6
富山	3.02	72	35	35	18	2	622	2710	9945	608	22	370	227	58	270	209	33	5
石川	3.45	72	34	35	16	1	623	2754	10315	605	15	437	269	49	314	239	20	14
信濃	3.58	72	31	40	20	1	628	2740	10307	634	26	521	239	48	304	250	39	5
群馬	3.60	72	31	37	13	4	624 2/3	2791	10883	600	22	448	289	78	318	250	47	3
福井	3.73	72	25	40	13	11	624 2/3	2724	10468	614	43	433	282	56	305	259	34	6

チーム打撃成績

チーム名	打率	試合	打数	得点	安打	二打	三打	本打	打点	三振	四球	死球	犠打	犠飛	盗塁	失策	併打	残塁
新潟	.287	72	2447	354	703	104	22	24	322	402	275	52	60	21	89	50	54	632
富山	.264	72	2314	311	612	72	24	14	275	403	256	74	51	17	122	71	53	544
石川	.256	72	2289	271	586	62	12	26	241	453	277	52	88	11	109	100	35	571
群馬	.254	72	2348	316	596	97	24	45	287	518	266	47	68	15	36	88	33	553
福井	.247	72	2336	229	576	72	14	13	197	419	171	35	74	18	85	69	47	515
信濃	.238	72	2310	271	550	92	15	24	232	462	283	59	53	18	58	81	58	559

IIKEN HOUSE
MODEL
好きなモノに
囲まれて暮らす生活・・・。
自分の好きなモノを飾り、
大好きな人と、
楽しい時間を過ごすお家・・・。
そんな・・・「自分たちの家」・・・
モデルハウス公開中！
詳しくはHPへ！
暮らしを楽しむ家
CRIB
OUTDOOR LIVING
INDOOR LIVING, OUTSIDE PLAY,
HOUSE WHERE PEOPLE GATHER
IIKEN HOUSE
飯島建設株式会社
0120-682-125
毎週水曜・木曜定休　営業時間 10:00～17:00
〒380-0928 長野県長野市若里6丁目3番22号
TEL.026-224-2040(代)　FAX.026-225-6016
WEBにて最新情報配信中！
http://www.iijima.co.jp/
SNSでも情報発信中！
iikenhouse 検索
Twitter
facebook
Instagram

2014 SEASON

学びと感謝

2014チームスローガン

前年、信濃に入団し話題となった大塚晶文投手が
5代目監督に就任。
竜太郎（打撃）、渡辺正人（守備走塁）に加え
新加入の小林宏之（投手）という
3人のプレーイングコーチが指導する
BCリーグ初の指導体制が実現した。
監督とコーチ3人の平均年齢は37・8歳、
球団史上最も若い首脳陣がチームをどう引っ張るのか。
その手腕に注目が集まる。

全力野球を徹底！前期の不調を乗り越え、後期は首位争いも

2014

試合前の気合の円陣、出塁や攻守交替も全力疾走ー大塚新監督は真摯《しんし》に、全力で野球に向かう姿勢を徹底し、多くのファンの共感を呼んだ。

前期開幕は富山との連戦。新外国人バルデスが開幕2試合で3本塁打を含む4安打10打点と爆発し、いずれも2桁得点で連勝と、勢いを感じさせた。しかし4月29日以降GWの連戦から早くも失速し、前期は首位群馬、2位新潟に大差をつけられ最下位に終わる。開幕投手ルークが治療のため帰国、エース有斗や竜太郎など、主力選手の不調・離脱も響いた。

しかし、後期開幕からは5連勝。この間、渡嘉敷、ダイチ、涼賢ら俊足の選手が積極的な走塁を見せ、チームは新たな強さを示した。投げては杉山、復活した有斗を柱に、中継ぎのマイケル、小林、小川、そして抑えの篠田と継投がはまっていく。7月は8勝4敗1分、貯金4で首位に立つ。しかし続く8月、6勝6敗2分の信濃に対し、新潟は10勝2敗2分。気づけば2位で首位新潟を追う立場となり、9月に逆転優勝の望みをかけたが…信濃は粘りきれなかった。

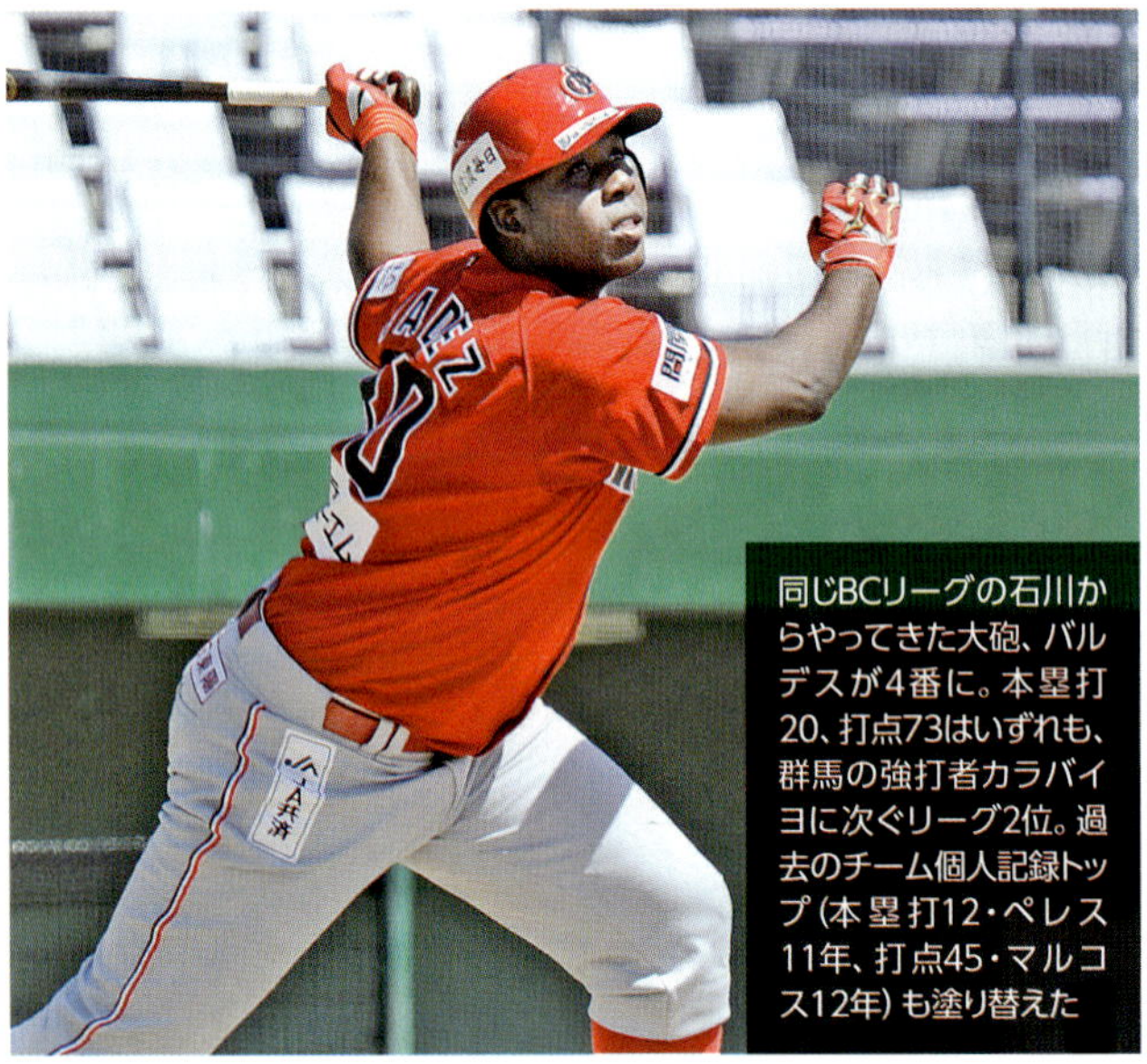

同じBCリーグの石川からやってきた大砲、バルデスが4番に。本塁打20、打点73はいずれも、群馬の強打者カラバイヨに次ぐリーグ2位。過去のチーム個人記録トップ（本塁打12・ペレス11年、打点45・マルコス12年）も塗り替えた

9月15日のシーズン最終戦（vs新潟9-1、長野オリスタ）、9-0で迎えた六回、大塚監督が投手として7年2カ月ぶりに公式戦のマウンドに立った。打者1人をスライダーで三振に仕留め、試合後には観戦に訪れていた家族に感謝しながら涙で現役生活にピリオドを打った

試合結果一覧

前期（36試合12勝18敗6分）

4/12(土)	○10-2	vs富山（城光寺）
13(日)	○12-4	vs富山（松本）
19(土)	△5-5	vs新潟（上田）
20(日)	●0-8	vs新潟（悠久山）
26(土)	○11-1	vs新潟（エコスタ）
27(日)	○9-8	vs群馬（中野）
29(火)	●1-5	vs新潟（茅野）
5/3(土)	●4-5	vs新潟（悠久山）
4(日)	●4-14	vs群馬（小諸）
5(月)	○4-3	vs群馬（オリスタ）
6(火)	●3-14	vs群馬（城南）
9(金)	○4-3	vs群馬（長野県営）
10(土)	△12-12	vs群馬（伊勢崎）
11(日)	●1-10	vs新潟（飯田）
16(金)	○5-2	vs石川（上田）
17(土)	●0-3	vs石川（オリスタ）
18(日)	●0-8	vs群馬（城南）
24(土)	○5-2	vs石川（石川県立）
25(日)	●2-3	vs福井（三国）
27(火)	●1-10	vsオリックス（オリスタ）
28(水)	△1-1	vsオリックス（松本）
30(金)	○7-2	vs福井（福井県営）
31(土)	●3-6	vs石川（石川県立）
6/1(日)	○4-1	vs新潟（エコスタ）
7(土)	●1-13	vs群馬（松本）
8(日)	●4-8	vs群馬（諏訪湖）
13(金)	●3-10	vs新潟（長野県営）
14(土)	●2-3	vs新潟（エコスタ）
15(日)	△8-8	vs新潟（伊那）
20(金)	△2-2	vs福井（松本）
21(土)	○5-1	vs福井（上田）
22(日)	○9-6	vs群馬（前橋）
25(水)	●1-2	vs新潟（悠久山）
26(木)	△4-4	vs群馬（城南）
28(土)	●2-5	vs富山（オリスタ）
29(日)	●3-7	vs富山（城光寺）

後期（36試合17勝15敗4分）

7/5(土)	○4-1	vs新潟（長野県営）
6(日)	○9-6	vs石川（石川県立）
11(金)	○3-2	vs新潟（みどりと森）
12(土)	○5-1	vs新潟（みどりと森）
13(日)	○7-6	vs群馬（小諸）
18(金)	●6-7	vs群馬（長野県営）
19(土)	●2-5	vs群馬（前橋）
20(日)	△2-2	vs新潟（伊那）
21(月)	●1-16	vs新潟（美山）
25(金)	○17-9	vs群馬（城南）
26(土)	○12-2	vs群馬（飯田）
27(日)	●2-3	vs石川（上田）
29(火)	○3-1	vs新潟（松本）
8/1(金)	○6-3	vs群馬（諏訪湖）
2(土)	●1-5	vs群馬（太田）
3(日)	○11-6	vs群馬（中野）
6(水)	●0-3	vs石川（上田）
12(火)	●0-3	vs群馬（長野県営）
15(金)	○7-3	vs群馬（城南）
17(日)	△3-3	vs 福井（茅野）
20(水)	●7-8	vs福井（フェニスタ）
22(金)	●0-1	vs新潟（五十公野）
23(土)	○7x-6	vs新潟（飯田）
24(日)	○3-2	vs福井（諏訪湖）
29(金)	●5-10	vs富山（宮野）
30(土)	△4-4	vs富山（城光寺）
31(日)	○8-6	vs石川（石川県立）
9/2(火)	●1-6	vs福井（福井県営）
4(木)	△3-3	vs新潟（松本）
5(金)	○3-2	vs富山（オリスタ）
6(土)	●7-10	vs群馬（伊勢崎）*
6(土)	●1-3	vs群馬（伊勢崎）*
7(日)	○0-0	vs富山（中野）
13(土)	●2-5	vs新潟（大原）
14(日)	●0-2	vs新潟（エコスタ）
15(月)	○9-1	vs新潟（オリスタ）

※オリックスはファーム *1日2試合開催

アメリカ出身の左腕、マイケルが前期途中に入団。150km/h超の速球とキレのあるスライダーが武器で、安定感ある投球で中継ぎとして活躍

今季新たに首脳陣に加わった小林宏之プレーイングコーチ（投手）。中継ぎや抑えで登板し、26試合2勝1敗1セーブ、防御率1.26とさすがの安定感を見せ、後期途中で西武へ移籍。NPB復帰を果たした

新入団の渡嘉敷は持ち前の俊足を生かし、チームでは過去最多の24盗塁をマーク（この年のリーグ4位）。打線では切り込み隊長の1番を担った

前年途中に信濃に入団し、2年目を迎えた西田は守備が自慢。不動のショートとして全試合に出場

4月27日（中野）の第1弾は、バルデスvsラミレス。バルデス選手は5／10本、ラミレス選手は7／10本の柵越え！

大砲パワー炸裂！ホームランコンテスト

試合前に両チームのホームランバッターが対決。信濃からはバルデス選手、群馬からはラミレス選手やカラバイヨ選手が登場し、そのパワフルなバッティングに場内は盛り上がった。ちなみにこの年、カラバイヨは打率3割9分6厘、本塁打33、打点87と断トツの数字で打撃部門三冠王に輝くが、本塁打数と打点は2017シーズン終了時点でもリーグ記録を維持している。

▲竜太郎の信濃在籍は7年間（2008-14）、通算成績は423試合、打率.318、本塁打29

▲信濃では主に中継ぎや抑えで活躍した小林宏之プレーイングコーチ

小林コーチ、竜太郎コーチそれぞれの道で再びNPBへ

7月21日、小林宏之プレーイングコーチの西武ライオンズへの移籍が決まった。移籍後、7月25日から西武で15試合に登板したが、シーズン終了後、現役引退を決めた。

また10月14日には、2008年から信濃に在籍し、コーチ兼任で主力打者として活躍してきた竜太郎（本名：辻竜太郎）選手が現役を引退し、オリックス2軍の外野守備走塁コーチに就任することが発表された。

2014年10月9日掲載 信濃毎日新聞見開きページ

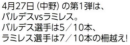

2014個人成績ベスト5

部門	順位	選手	成績
防御率	1	田村勇磨(新)	1.44
	2	ループ(石)	1.95
	3	ザラテ(群)	2.48
	4	高塩将樹(富)	2.69
	5	間曽晃平(新)	2.84
勝利数	1	間曽晃平(新)	13
	2	田村勇磨(新)	10
	2	高塩将樹(富)	10
	4	杉山 慎(信)	9
	5	ループ(石)	8
セーブ数	1	羽豆 恭(新)	14
	2	篠田朗樹(信)	13
	3	ロメロ(群)	12
	3	大竹秀義(富)	12
	5	藤岡雅俊(福)	10
奪三振数	1	藤井宏海(福)	146
	2	高塩将樹(富)	127
	3	ループ(石)	113
	4	間曽晃平(新)	99
	5	杉山 慎(信)	90
打率	1	カラバイヨ(群)	.396
	2	島袋涼平(石)	.367
	3	安田権守(群)	.351
	4	平野進也(新)	.347
	5	井野口祐介(群)	.345
本塁打	1	カラバイヨ(群)	33
	2	バルデス(信)	20
	3	井野口祐介(群)	18
	4	デニング(新)	12
	5	島袋涼平(石)	10
打点	1	カラバイヨ(群)	87
	2	バルデス(信)	73
	2	島袋涼平(石)	73
	4	デニング(新)	68
	5	井野口祐介(群)	59
盗塁	1	野呂大樹(新)	33
	2	森 亮太(福)	28
	3	ドテル(石)	25
	4	渡嘉敷貴彦(信)	24
	5	谷口貴之(石)	22

2014シーズン リーグ&チーム成績

〈前期〉

上信越地区		試合数	勝	敗	分	勝率	差
1	群馬	36	22	11	3	.667	優勝
2	新潟	36	20	13	3	.606	2.0
3	信濃	36	12	18	6	.400	8.5

北陸地区		試合数	勝	敗	分	勝率	差
1	富山	36	16	20	0	.444	優勝
2	福井	36	15	20	1	.429	0.5
3	石川	36	14	22	0	.389	2.0

〈後期〉

上信越地区		試合数	勝	敗	分	勝率	差
1	新潟	36	21	8	7	.724	優勝
2	信濃	36	17	15	4	.531	5.5
3	群馬	36	15	17	4	.469	7.5

北陸地区		試合数	勝	敗	分	勝率	差
1	石川	36	17	16	3	.515	優勝
2	富山	36	14	20	2	.412	3.5
3	福井	36	13	21	2	.382	4.5

〈プレーオフ〉

優勝
群馬ダイヤモンドペガサス

群馬3勝2敗

群馬 3勝2敗1分
石川※ 2勝2敗2分

群馬(前期優勝)
新潟(後期優勝)
富山(前期優勝)
石川(後期優勝)

〈上信越地区〉 〈北陸地区〉

※通期の対戦成績で石川が富山を上回るため、石川が地区優勝

チーム投手成績

チーム名	防御率	試合	勝	敗	S	完投	投球回	打者	球数	被安打	被本打	奪三振	与四球	与死球	失点	自責	暴投	ボーク
新潟	2.98	72	41	21	17	7	630 2/3	2657	10257	626	35	446	165	38	251	209	22	0
石川	3.89	72	31	38	6	2	633 1/3	2848	10623	632	32	436	271	80	362	274	42	10
信濃	4.32	72	29	33	14	2	629 1/3	2818	10774	696	46	445	263	43	357	302	43	6
福井	4.47	72	28	41	14	9	628 1/3	2813	10871	655	34	427	270	49	367	312	38	3
群馬	4.54	72	37	28	18	2	631	2845	10926	642	29	437	310	63	382	318	60	9
富山	4.83	72	30	40	13	6	629 2/3	2812	10423	698	42	399	236	54	380	338	39	8

チーム打撃成績

チーム名	打率	試合	打数	得点	安打	二打	三打	本打	打点	三振	四球	死球	犠打	犠飛	盗塁	失策	併打	残塁
群馬	.298	72	2507	433	748	140	25	83	412	441	234	20	49	22	83	82	44	516
新潟	.278	72	2395	380	666	111	15	30	340	401	311	51	52	23	77	57	46	595
信濃	.270	72	2436	321	657	90	17	33	288	397	233	66	39	16	82	63	46	577
石川	.266	72	2354	323	625	92	18	30	294	491	225	61	83	23	93	96	41	516
福井	.260	72	2363	307	615	83	19	25	274	457	218	67	73	25	69	94	52	538
富山	.258	72	2419	323	625	84	19	21	288	432	298	62	44	13	68	65	55	610

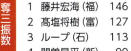

Memorial Photo Gallery

2013-2014

2015 SEASON

勝つことへの執着心

2015チームスローガン

岡本克道《かつのり》監督、松井宏次コーチ、髙橋信二コーチと、
首脳陣が一新。
高卒トリオの練習生も加わり、
長野県ゆかりの選手が増えた年でもあった。
BCリーグは福島と武蔵が新加入し地区分けを変更、
信濃は北陸3球団と
「アドバンス・ウエスト（西地区）」に。
悲願の初優勝は果たせるか、
リーグの先輩球団として、新球団にも意地を見せたい。

熾烈《しれつ》な首位争いを繰り広げた前期
後期は波乱含みのレースに

2015

新首脳陣率いる信濃の9年目は、西地区4球団の頂点を目指す戦いだ。4月11日の開幕戦（松本）は、NPB（日ハム2軍）相手に左腕エース・有斗が7回無失点の好投で期待に応え、9－1と快勝。開幕5試合負けなしという絶好のスタートを切る。

その後は福井と西地区首位を争い、僅差で2位につけていた6月17日の直接対決（諏訪湖）で快勝し、首位を奪回。残り4試合、最初の福井2連戦は信濃の前期優勝を懸けた大一番だった。しかし痛恨の連敗。続く石川戦も黒星を喫し、信濃の前期優勝が完全に消えた。

立ち上がりが不安だった後期は、富山との開幕連戦を粘ってドロー。最後まで諦めない姿勢に期待が膨らんだ。だが中盤8月の波が激しかった。2桁得点の大勝で始まるが、僅差になると競り負けやサヨナラ負け、引き分けで勝ちきれない。地区最下位に沈み、岡本監督が成績不振の責任を取ってシーズン途中で辞任。後期折り返し地点で早くも暗雲が垂れ込めた。急きょ髙橋信二コーチが監督代行として指揮を執るが、チームに勢いが足りず、浮上のきっかけは作れなかった。

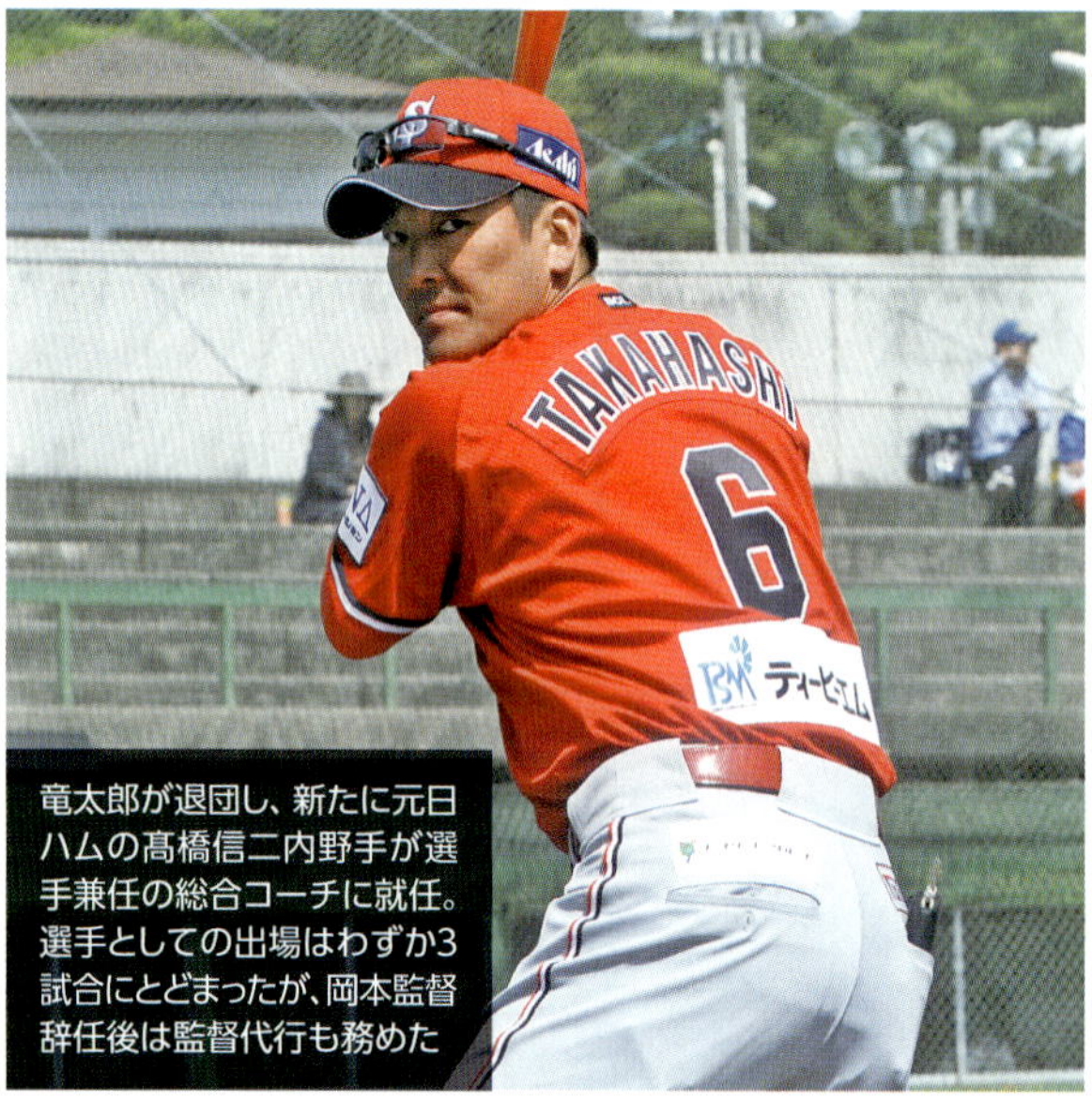

竜太郎が退団し、新たに元日ハムの髙橋信二内野手が選手兼任の総合コーチに就任。選手としての出場はわずか3試合にとどまったが、岡本監督辞任後は監督代行も務めた

ダイチと二塁の定位置を競った5年目の涼賢は、打撃センスに秀でた選手の一人。この年の打率.338（56試合）は規定打席数未到達ながらチーム2位、盗塁でも勝利に貢献した

試合結果一覧

前期（37試合18勝16敗3分）

4/11(土)	○ 9-1	vs日ハム（松本）
12(日)	△7-7	vs富山（上田）
17(金)	○6-1	vs石川（上田）
18(土)	○6-3	vs石川（飯田）
19(日)	△2-2	vs富山（宮野）
24(金)	●4-14	vs富山（桃山）
25(土)	●6-11	vs新潟（オリスタ）
26(日)	○9-6	vs石川（加賀）
29(水)	○9-3	vs福井（丹南）
5/2(土)	○ 7-1	vs富山（中野）
3(日)	●3-4	vs富山（大芝公園）
4(月)	●3-8	vs富山（小矢部）
5(火)	○5-3	vs福井（オリスタ）
6(水)	○8-5	vs石川（小諸）
9(土)	○6-2	vs富山（県営富山）
10(日)	●2-3	vs群馬（飯田）
12(火)	○7x-6	vsオリックス（オリスタ）
15(金)	○6-1	vs石川（石川県立）
16(土)	○6x-5	vs福島（オリスタ）
17(日)	●10-13	vs富山（長野県営）
21(木)	△5-5	vs福井（フェニスタ）
22(金)	●3-6	vs福井（フェニスタ）
23(土)	○8-2	vs福井（上田）
24(日)	●2-11	vs石川（オリスタ）
29(金)	○7-1	vs富山（松本）
30(土)	●2-3	vs群馬（伊勢崎）
31(日)	●3-6	vs新潟（悠久山）
6/6(土)	●2-5	vs武蔵（フラワー）
7(日)	○4-3	vs福島（しらさわ）
12(金)	○6-2	vs福井（松本）
13(土)	○2-0	vs武蔵（諏訪湖）
14(日)	●3-7	vs石川（金沢市民）
17(水)	○6-0	vs福井（諏訪湖）
20(土)	●4-5x	vs福井（敦賀）
21(日)	●1-8	vs福井（三国）
28(日)	●6-8	vs石川（オリスタ）
30(火)	●2-5	vs石川（金沢市民）

後期（35試合11勝20敗4分）

7/3(金)	△3-3	vs富山（オリスタ）
4(土)	△2-2	vs富山（県営富山）
5(日)	●6-8	vs福井（松本）
11(土)	●11-12x	vs福島（信夫ヶ丘）
12(日)	○1-0	vs武蔵（本庄）
19(日)	●1-2	vs石川（寺井）
20(月)	○14-5	vs石川（七尾）
24(金)	○5-1	vs石川（上田）
25(土)	●2-6	vs福島（飯田）
26(日)	○6-2	vs福井（茅野）
30(木)	●8-9	vs福井（松本）
8/2(日)	○16-3	vs新潟（中野）
6(木)	●0-3	vs石川（石川県立）
8(土)	●2-15	vs福井（美浜）
9(日)	○3-2	vs石川（金沢市民）
14(金)	△8-8	vs富山（長野県営）
15(土)	●3-4	vs群馬（城南）
16(日)	●4-5x	vs新潟（エコスタ）
19(水)	●2-3	vs福井（フェニスタ）
20(木)	○15-3	vs石川（諏訪湖）
22(土)	●5-14	vs群馬（上田）
23(日)	△3-3	vs福井（オリスタ）
27(木)	●3-4	vs福井（松本）
28(金)	○7-0	vs富山（高岡西部）
29(土)	●0-4	vs福井（丹南）
9/3(木)	●1-2	vs富山（桃山）
5(土)	●1-4	vs石川（小諸）
6(日)	●3-8	vs富山（中野）
8(火)	○7-4	vs福井（三国）
10(木)	●1-3	vs富山（高岡西部）
11(金)	●1-2	vs石川（金沢市民）
12(土)	○4-0	vs富山（高岡西部）
13(日)	●3-7	vs富山（長野県営）
15(火)	○5-2	vs武蔵（飯田）
16(水)	●3-5	vs石川（長野県営）

※日ハム、オリックスはいずれもファーム

外国人選手の在籍もおなじみになり、信濃にやってきた新たな大砲・レイエスはこの年の本塁打王（13本）に

高卒で入団し、在籍年ではチーム最長の6年目を迎えたダイチがこの年の主将。若きリーダーがチームを引っ張る

今季新加入したドミニカ出身のリリアーノは、30代だがメジャーでのマウンド経験も持つ。有斗、門中らと先発の一角を担い、前期だけで5勝をあげた（シーズン通算7勝6敗）

3年目の川口は自慢の足を生かして攻守に活躍。シーズン開幕戦では2度の満塁の場面に適時打を放ち、4打数2安打3打点

キャプテン・ダイチ プロデュースデー

グランセローズの選手がホームゲームをプロデュースするスペシャルデー企画が実現。この年は主将ダイチ選手が、自身の誕生日にあたる4月25日新潟戦（オリスタ）をプロデュースした。特製缶バッジの配布やスペシャルフードの企画、イニング間BGM選曲など自ら試合を盛り上げた。

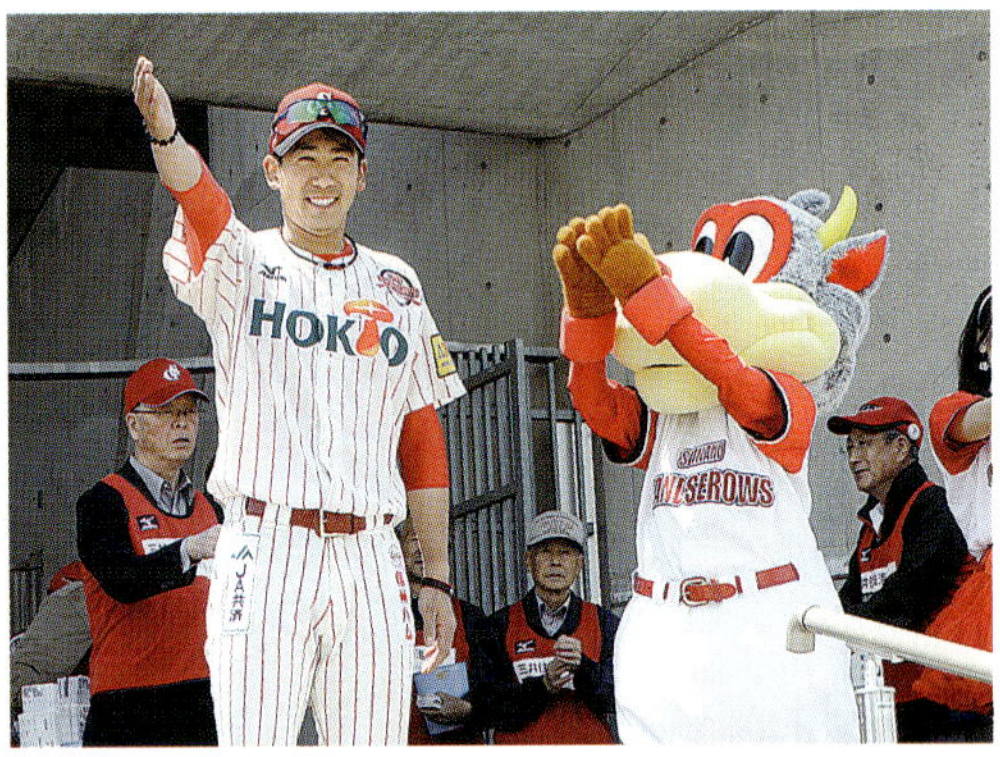

Last《ラスト》 Spurt《スパート》 キャンペーン

この年のスローガン「勝つことへの執着心」にかけて、信濃のラストスパートを後押しすべく、9月のホームゲーム最終3試合で応援キャンペーンを実施。通常は紙製の入場チケットが「信濃グランセローズ特製シリコンブレス」に変更されたほか、来場者への「オリジナルうまい棒【勝利味】」プレゼントも企画された（いずれも先着1000名）。

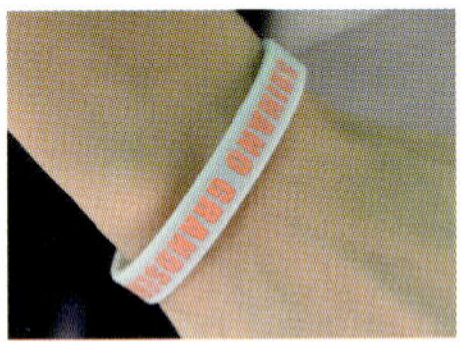

オリジナルシリコンブレスは
そのまま来場者にプレゼント

練習生11人のキャンプイン

この年のキャンプイン時、信濃の練習生はなんと11人。そこには高井、柴田、永冨など、信濃初優勝の立役者となる主力選手たちがいた。東大卒の井坂、福井に移って2017前期MVPを獲得する濱田の顔もある。成長の軌跡が見えるのも独立リーグの楽しみだ。

長野県出身、高卒トリオ
左から高井、名取、保科

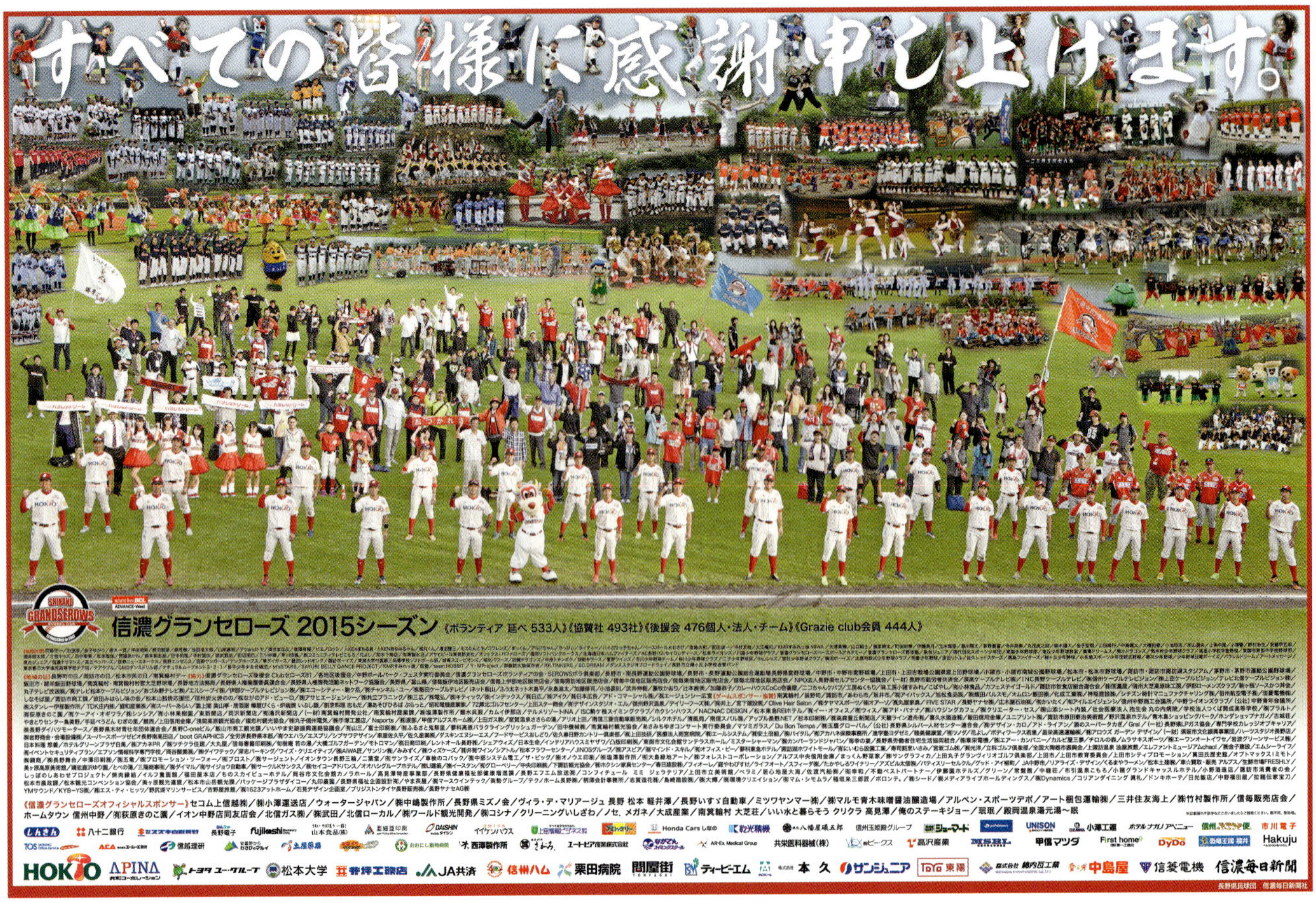

すべての皆様に感謝申し上げます。

信濃グランセローズ 2015シーズン 《ボランティア 延べ 533人》《協賛社 493社》《後援会 476個人・法人・チーム》《Grazie club会員 444人》

《信濃グランセローズオフィシャルスポンサー》セコム上信越㈱／㈱小澤運送店／ウォータージャパン／㈱中嶋製作所／長野県ミズノ会／ヴィラ・デ・マリアージュ 長野 松本 軽井澤／長野いすゞ自動車／ミツワヤンマー㈱／㈱マルモ青木味噌醤油醸造場／アルペン・スポーツデポ／アート梱包運輸㈱／三井住友海上／㈱竹村製作所／信毎販売店会／ホームタウン 信州中野／㈲荻原きのこ園／イオン中野店同友店会／北信ガス㈱／㈱武田／北信ローカル／㈱ワールド観光開発／㈱コシナ／クリーニングいしざわ／ノセ、メガネ／大成産業／南箕輪村 大芝荘／いい水と暮らそう クリクラ 高見澤／俺のステーキジョー／珉珉／殿岡温泉湯元湯～眠

長野県民球団 信濃毎日新聞社

2015年10月15日掲載 信濃毎日新聞見開きページ

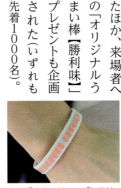

2015個人成績ベスト5

防御率
1 中西啓太（新） 1.60
2 篠田朗樹（武） 1.84
3 藤岡雅俊（福井） 1.85
4 間曽晃平（新） 1.94
5 シール（石） 1.99

勝利数
1 間曽晃平（新） 13
2 篠田朗樹（武） 12
3 藤岡雅俊（福井） 10
4 佐藤康平（富） 9
5 中村一仁（武） 8
5 ロメロ（群） 8
5 中西啓太（新） 8
5 田村勇磨（新） 8
5 シール（石） 8

セーブ数
1 三ツ間卓也（武） 20
2 西村　憲（石） 11
3 栗山　賢（福島） 10
4 佐々木勝一（福井） 8
5 町田翔司（群） 7
5 雨宮　敬（新） 7

奪三振数
1 シール（石） 113
2 藤岡雅俊（福井） 108
3 佐藤康平（富） 98
4 篠田朗樹（武） 97
5 リリアーノ（信） 89

打率
1 平野進也（新） .362
2 大松陽平（福井） .350
3 森岡大和（群） .340
4 野原祐也（富） .336
5 角　晃多（武） .332

本塁打
1 レイエス（信） 13
2 ジョニー（福井） 11
3 井野口祐介（群） 10
4 大平成一（信） 9
5 岡下大将（福島） 8
5 平野進也（新） 8

打点
1 野原祐也（富） 55
2 ジョニー（福井） 54
3 平野進也（新） 53
4 レイエス（信） 52
5 井野口祐介（群） 51

盗塁
1 野呂大樹（新） 45
2 森　亮太（福井） 30
3 石突廣彦（石） 27
4 濵嘉敷貴彦（信） 24
5 貴規（福島） 23

2015シーズン リーグ&チーム成績

〈前期〉

西地区		試合数	勝	敗	分	勝率	差
1	福井	37	21	14	2	.600	優勝
2	信濃	37	18	16	3	.529	2.5
3	石川	37	16	19	2	.457	5.0
4	富山	37	12	22	3	.353	8.5

東地区		試合数	勝	敗	分	勝率	差
1	新潟	37	23	11	3	.676	優勝
2	武蔵	37	21	14	2	.600	2.5
3	群馬	37	16	17	4	.485	6.5
4	福島	37	8	25	4	.242	14.5

〈後期〉

西地区		試合数	勝	敗	分	勝率	差
1	富山	35	18	12	5	.600	優勝
2	福井	35	17	12	6	.586	0.5
3	石川	35	15	19	1	.441	5.0
4	信濃	35	11	20	4	.355	7.5

東地区		試合数	勝	敗	分	勝率	差
1	福島	36	20	13	3	.606	優勝
2	新潟	36	19	17	0	.528	2.5
3	群馬	36	15	18	3	.455	5.0
4	武蔵	36	14	17	5	.452	5.0

〈プレーオフ〉

優勝
新潟アルビレックス・ベースボール・クラブ

新潟3勝0敗

福井 2勝1敗
新潟 2勝1敗

福井（前期優勝）
富山（後期優勝）
〈西地区〉

新潟（前期優勝）
福島（後期優勝）
〈東地区〉

チーム投手成績

チーム名	防御率	試合	勝	敗	S	完投	投球回	打者	球数	被安打	被本打	奪三振	与四球	与死球	失点	自責	暴投	ボーク
新潟	3.15	73	42	28	11	14	645	2747	10082	653	29	405	202	14	287	226	24	10
武蔵	3.45	73	35	31	20	0	647 2/3	2824	10742	594	23	477	271	35	305	248	39	15
福井	3.64	72	38	26	17	3	638 1/3	2810	10852	587	32	483	307	49	310	258	46	12
福島	3.97	73	28	38	10	1	643 2/3	2863	10910	659	26	463	279	41	342	284	42	25
信濃	4.06	72	29	36	7	3	623 2/3	2764	10562	619	21	440	270	57	334	281	34	9
石川	4.15	71	31	38	14	3	625	2810	10482	624	19	393	297	39	379	288	40	24
群馬	4.53	73	31	35	17	2	639 2/3	2905	11395	664	23	515	335	47	378	322	49	27
富山	4.73	72	30	34	12	8	630 1/3	2893	10989	699	29	391	302	50	401	331	41	11

チーム打撃成績

チーム名	打率	試合	打数	得点	安打	二打	三打	本打	打点	三振	四球	死球	犠打	犠飛	盗塁	失策	併打	残塁
新潟	.278	73	2477	385	689	106	24	32	358	387	295	39	47	36	105	65	48	595
信濃	.276	72	2417	346	666	108	25	32	300	388	229	36	91	22	78	72	39	569
群馬	.272	73	2478	344	673	138	11	34	313	436	256	30	50	22	58	78	54	570
福井	.271	72	2410	380	654	106	24	20	346	417	302	56	79	19	115	78	44	597
福島	.261	73	2464	334	644	107	17	23	296	510	277	44	53	21	95	92	40	583
武蔵	.249	73	2355	267	586	93	20	11	223	451	229	39	76	18	83	86	66	515
富山	.249	72	2400	350	598	72	31	24	291	467	334	41	30	9	56	84	59	570
石川	.241	71	2327	309	560	78	13	22	273	552	341	50	58	15	74	112	43	597

BCリーグからNPBへ

BCリーグに在籍する全選手の夢であり、目標となるNPB。その姿は野球を愛する全てのファンの夢でもあります。

◆NPBドラフト指名実績選手（2007年～2017年）

2007年	内村賢介（石川）	東北楽天ゴールデンイーグルス育成1位
2008年	野原祐也（富山）	阪神タイガース育成1位
	鈴江　彬（信濃）	千葉ロッテマリーンズ育成2位
	柳川洋平（福井）	福岡ソフトバンクホークス育成3位
2009年	前田祐二（福井）	オリックス・バファローズ4位
	髙田周平（信濃）	阪神育成1位
	星野真澄（信濃）	読売ジャイアンツ育成1位
2010年	加藤貴大（富山）	楽天育成1位
2011年	廣神聖哉（群馬）	阪神育成1位
	清水貴之（群馬）	ソフトバンク育成4位
	雨宮　敬（新潟）	巨人育成5位
	渡辺貴洋（新潟）	巨人育成6位
2012年	森本将太（福井）	オリックス5位
	八木健史（群馬）	ソフトバンク育成1位
	原　大輝（信濃）	オリックス育成1位
	西川拓喜（福井）	オリックス育成2位
2013年	柴田健斗（信濃）	オリックス7位
2014年	中村恵吾（富山）	ソフトバンク育成8位
2015年	小林大誠（武蔵）	巨人育成2位
	三ツ間卓也（武蔵）	中日ドラゴンズ育成3位
	田島洸成（武蔵）	巨人育成4位
	大竹秀義（武蔵）	巨人育成5位
	矢島陽平（武蔵）	巨人育成7位
	長谷川潤（石川）	巨人育成8位
2016年	大村孟（石川）	東京ヤクルトスワローズ育成1位
	安江嘉純（石川）	ロッテ育成1位
	笠井崇正（信濃）	横浜DeNAベイスターズ育成1位
	髙井　俊（新潟）	巨人育成1位
	坂本一将（石川）	オリックス育成4位
2017年	寺田光輝（石川）	DeNA6位
	寺岡寛治（石川）	楽天7位
	沼田拓巳（石川）	ヤクルト8位
	山本祐大（滋賀）	DeNA9位
	和田康士朗（富山）	ロッテ育成1位
	渡邉雄大（新潟）	ソフトバンク育成6位

星野真澄（左から2人目）と
髙田周平（右から2人目）が
そろってNPBへ

球団初の本指名を受けた
柴田健斗

笠井崇正は育成1位で
横浜DeNAへ

2016 SEASON

頂点にチャレンジ

2016チームスローガン

球団創設10周年の節目の年、
7代目の指揮官に就任したのが本西厚博監督。
「投手を中心とした守り勝つ野球」を掲げ
チーム改革に乗り出した。
投手陣は有斗・門中の左右のエースに、ユニークな新人が、
野手陣にはリーグ他球団から
打撃が持ち味の選手が加わり、
まだ見ぬ優勝へ、そしてその先の独立リーグ日本一へ。
目指す頂点へ走り出す。

前期地区最下位から巻き返し、見せた底力
だが悲願達成は来季へ持ち越し

2016

10年目のシーズン開幕は、敵地・富山で迎えた。開幕投手の門中から継投で1点のリードを守る信濃だったが、勝利目前の九回裏、まさかの2者連続本塁打を浴びサヨナラ負け。前期序盤は黒星が先行し、5月20日、石川に延長十回サヨナラ負けを喫した時点で借金6、首位と6ゲーム差の地区最下位に沈んでいた。

だが、ここから巻き返した。翌21日から5連勝。6月も白星が続き、首位福井に2・5差まで詰め寄る。残り4試合で逆転優勝の可能性を残し、6月11日福井戦（長野県営）で直接対決に挑んだ。この大一番で信濃は六回まで1点リードを守るが、七回以降に計8失点。追い上げも及ばず、前期優勝は露と消えた。ただ、前期のチーム防御率2・98はリーグトップ。一方でチームの得点・打点は低迷した。

後期は出だしこそ楽天2軍に力の差を見せつけられたが、翌26日は20安打で富山に大勝。勢いに乗り、引き分けを挟んだ4連勝で地区首位に躍り出る。7月は勝率5割を行き来しながら上位につけていたが、8月は負け越し。後期優勝は叶わず、通期2位でのプレーオフ進出に懸けるも、勝率で福井を越えられず、果たせなかった。

島袋も、リーグ他球団（石川）から移籍した新入団選手の一人。信濃の新4番として、この年チーム1の52打点を稼ぎ、打率.341はリーグ4位にランクイン

福井から移籍した森田が信濃で打撃の才能を開花。6月のリーグ月間MVPを獲得し（月間成績は打率.429、打点12）、シーズン打率.355でリーグ首位打者にも輝いた。7月18日石川戦（綿半飯田）では、劇的サヨナラ打も

試合結果一覧

前期（36試合16勝17敗3分）

4/9(土)	●4-5x	vs富山（高岡西部）
10(日)	●1-8	vs富山（オリスタ）
14(木)	△0-0	vs巨人（ジャイアンツ）
15(金)	○6-3	vs福井（長野県営）
16(土)	●5-6	vs福島（開成山）
17(日)	○5-1	vs武蔵（フラワー）
22(金)	●0-5	vs福井（三国）
23(土)	●0-2	vs富山（高岡西部）
24(日)	○5-3	vs富山（高岡西部）
29(金)	●3-6	vs福井（中野）
5/1(日)	●2-7	vs富山（アルペン）
3(火)	○8-5	vs富山（オリスタ）
5(木)	●3-5	vs群馬（城南）
7(土)	○7-5	vs群馬（オリスタ）
8(日)	△2-2	vs新潟（綿半飯田）
10(火)	○3-0	vs巨人（松本）
11(水)	●0-4	vs巨人（オリスタ）
13(金)	●4-5	vs福井（フェニスタ）
14(土)	●0-3	vs石川（金沢市民）
15(日)	○7-5	vs石川（上田）
18(水)	●0-2	vs新潟（みどりと森）
20(金)	●3-4x	vs石川（金沢市民）
21(土)	○7-0	vs福島（松本）
22(日)	○13-3	vs武蔵（小諸）
24(火)	○4-0	vs富山（長野県営）
26(木)	○9-4	vs石川（金沢市民）
29(日)	○3x-2	vs石川（大芝公園）
31(火)	●2-3	vs石川（松本）
6/2(木)	○3-1	vs富山（松本）
5(日)	○7-0	vs石川（金沢市民）
8(水)	△4-4	vs巨人（ジャイアンツ）
10(金)	○9-1	vs福井（フェニスタ）
11(土)	●6-10	vs福井（長野県営）
12(日)	●5-6	vs石川（中野）
18(土)	●7-8	vs福井（オリスタ）
19(日)	○6-1	vs福井（福井県営）

後期（36試合15勝18敗3分）

6/24(金)	●0-6	vs楽天（オリスタ）
25(土)	●3-22	vs楽天（オリスタ）
26(日)	○14-5	vs富山（県営富山）
30(木)	△5-5	vs富山（諏訪湖）
7/1(金)	○3-2	vs福井（松本）
2(土)	○8-3	vs新潟（高田）
3(日)	○7-2	vs武蔵（フラワー）
8(金)	●1-3	vs石川（石川県立）
9(土)	○6-3	vs武蔵（中野）
10(日)	●3-6	vs新潟（大芝公園）
17(日)	●4-6	vs石川（長野県営）
18(祝)	○6x-5	vs石川（綿半飯田）
22(金)	●2-3x	vs福井（三国）
23(土)	○4-1	vs富山（高岡西部）
24(日)	●4-6	vs石川（珠洲）
28(木)	△0-0	vs福井（諏訪湖）
29(金)	●1-3	vs石川（オリスタ）
30(土)	●3-7	vs福島（開成山）
31(日)	●0-7	vs群馬（敷島）
8/6(土)	○9-1	vs巨人（中野）
7(日)	○9-5	vs巨人（オリスタ）
11(木)	●9-10	vs富山（諏訪湖）
12(金)	●1-5	vs富山（上田）
13(土)	○9-4	vs福井（茅野）
14(日)	●1-12	vs富山（アルペン）
18(木)	○10-2	vs福井（フェニスタ）
19(金)	●1-2	vs福井（フェニスタ）
21(日)	△4-4	vs石川（松本）
27(土)	●2-3	vs福島（オリスタ）
28(日)	●0-3	vs群馬（上田）
9/3(土)	○8x-7	vs富山（小諸）
4(日)	○9-4	vs富山（県営富山）
5(月)	●2-10	vs石川（金沢市民）
10(土)	●6-8	vs福井（フェニスタ）
11(日)	○4-3	vs福井（中野）
13(火)	○6-0	vs石川（金沢市民）

※巨人は3軍、楽天はファーム

開幕投手も務めた門中が、シーズン11勝でリーグ2位に。在籍3年目にして自身初の2桁勝利、右のエースとして実績を残した。6月のリーグ月間MVPにも選出（月間成績4勝0敗、防御率2.32）

現役大学生でありながらBCリーグの門を叩いた笠井。在籍する早稲田大でも、野球部ではなく野球サークル所属と異色の経歴の持ち主だったが、セットアッパーとして1年目で十分すぎる活躍。プロの目に留まり、シーズン後は育成枠で横浜へ

高卒ルーキー船﨑は中野市出身、松商時代に甲子園出場の経歴を持つ。俊足好打の選手の一人で、6月2日富山戦（松本）では、初回の先頭打者本塁打を含む4打数3安打1打点と活躍

開幕直後の4月下旬、ドミニカ出身のモンテーロが入団。MAX約158km/h、リーグ屈指の剛速球の持ち主で、信濃ではリリーフで活躍した

BP（ボールパーク）フェアリーズDAY

BCリーグの新プロジェクトとして「BPフェアリーズ」が始動し、話題となった。球場で応援する楽しさを知ってもらおうと、9つのポジションを見守る妖精キャラクターたちを考案。5月7日群馬戦（オリスタ）では、「BPフェアリーズDAY」として、キャラクターボイスを務める声優らが来場し、信濃の選手は全員スペシャルユニフォームを着用して試合を戦った。

10周年企画!「レディースデー」

球団創設10周年の記念企画として、「レディースデー」を実施。女性来場者にオリジナル油とり紙を先着配布したほか、「スーパーレディースデー」ではオリジナルTシャツやキャップ付きパッケージチケットも登場。また、女性に限りバックネット裏ブロック指定席も無料とした。

笠井投手、横浜DeNAへ!

この年に信濃に新入団した笠井崇正投手がNPBドラフト会議で横浜DeNAベイスターズから育成1位指名を受け、入団を果たした。現役大学生（早稲田大学4年）と二足のわらじでシーズンに挑み、注目を浴びた笠井投手だが、信濃では主にセットアッパーとして活躍。年間成績は35試合（37回）3勝1敗1セーブ、防御率2・43。

10月29日、横浜と入団の仮契約をすませた笠井投手

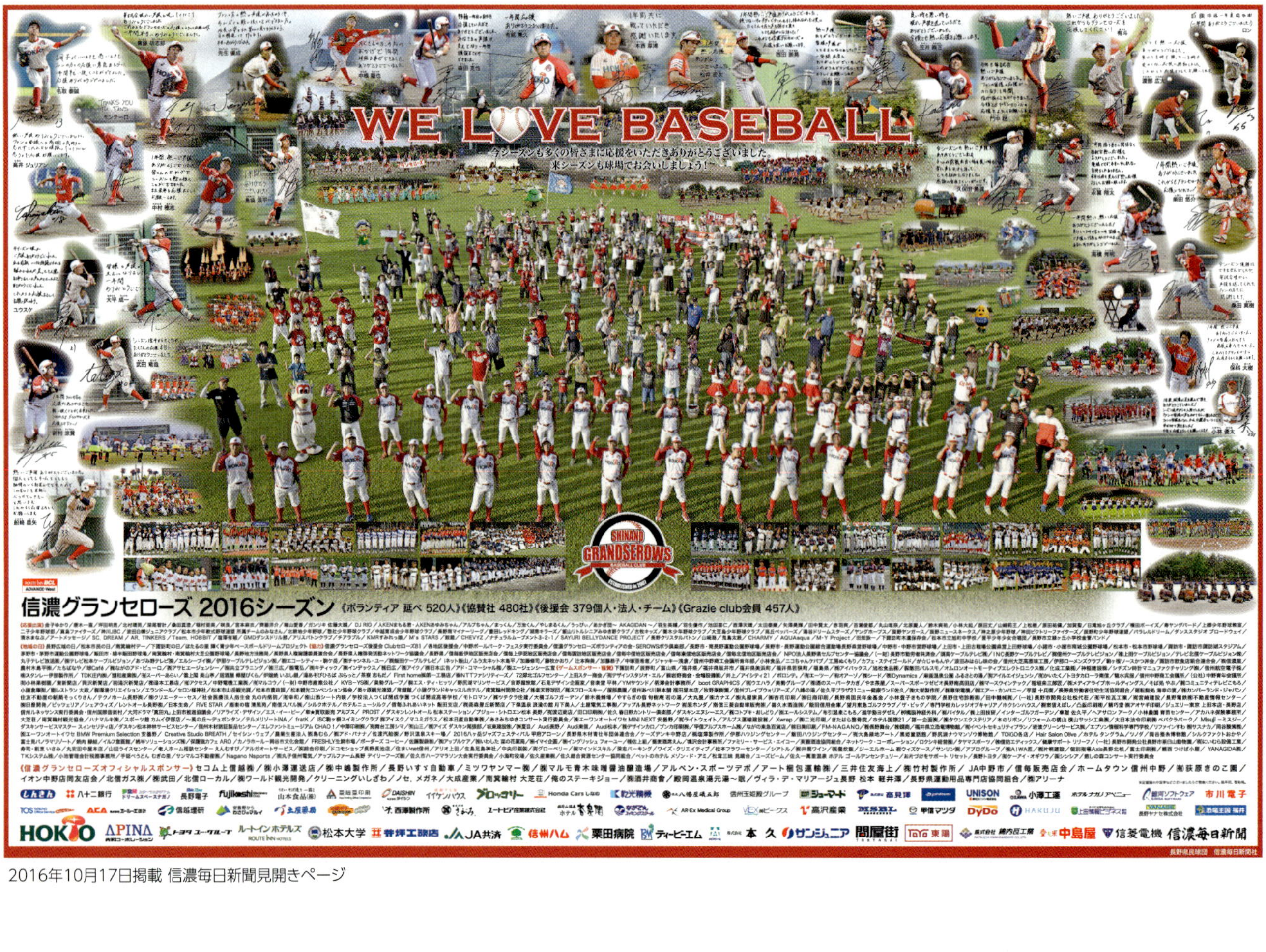

2016年10月17日掲載 信濃毎日新聞見開きページ

2016個人成績ベスト5

部門	順位	選手	成績
防御率	1	佐藤康平（富）	1.71
	2	安江嘉純（石）	1.79
	3	伊藤拓郎（群）	2.48
	4	モンテーロ（信）	2.79
	5	大家友和（福島）	2.82
勝利数	1	安江嘉純（石）	16
	2	門中　聡（信）	11
	2	柿田兼章（群）	11
	2	濵田俊之（福井）	11
	5	中西啓太（新）	10
セーブ数	1	堤　雅貴（群）	21
	2	寺田光輝（石）	19
	3	栗山　賢（福島）	15
	4	戸田　亮（福井）	9
	5	永田貴之（武）	8
奪三振数	1	安江嘉純（石）	131
	2	有斗（信）	113
	3	江村将也（福島）	105
	4	中西啓太（新）	104
	5	田村勇磨（新）	99
打率	1	森田克也（信）	.355
	2	井野口祐介（群）	.351
	3	カラバイヨ（群）	.345
	4	島袋涼平（信）	.341
	5	角　晃多（武）	.340
本塁打	1	カラバイヨ（群）	20
	2	シリアコ（石）	15
	3	岡下大将（福島）	12
	4	ボウカー（福島）	11
	4	桒原　凌（石）	11
打点	1	カラバイヨ（群）	60
	2	ジョージ（新）	57
	3	チャベス（群）	56
	4	バルデス（富）	54
	5	シリアコ（石）	53
盗塁	1	森　亮太（福井）	40
	2	野呂大樹（新）	34
	3	貴規（福島）	24
	4	新村涼賢（信）	19
	4	坂本一将（石）	19

2016シーズン リーグ&チーム成績

〈前期〉

西地区		試合数	勝	敗	分	勝率	差
1	石川	36	20	12	4	.625	優勝
2	福井	36	20	14	2	.588	1.0
3	信濃	36	16	17	3	.485	4.5
4	富山	36	12	21	3	.364	8.5

東地区		試合数	勝	敗	分	勝率	差
1	群馬	36	19	16	1	.543	優勝
2	福島	36	17	18	1	.486	2.0
3	新潟	36	16	17	3	.485	2.0
4	武蔵	36	12	22	2	.353	6.5

〈後期〉

西地区		試合数	勝	敗	分	勝率	差
1	石川	36	21	14	1	.600	優勝
2	信濃	36	15	18	3	.455	5.0
3	富山	36	15	19	2	.441	5.5
4	福井	36	15	20	1	.429	6.0

東地区		試合数	勝	敗	分	勝率	差
1	群馬	36	23	11	2	.676	優勝
2	福島	36	18	15	3	.545	4.5
3	新潟	36	15	18	3	.455	7.5
4	武蔵	36	10	19	7	.345	10.5

〈プレーオフ〉

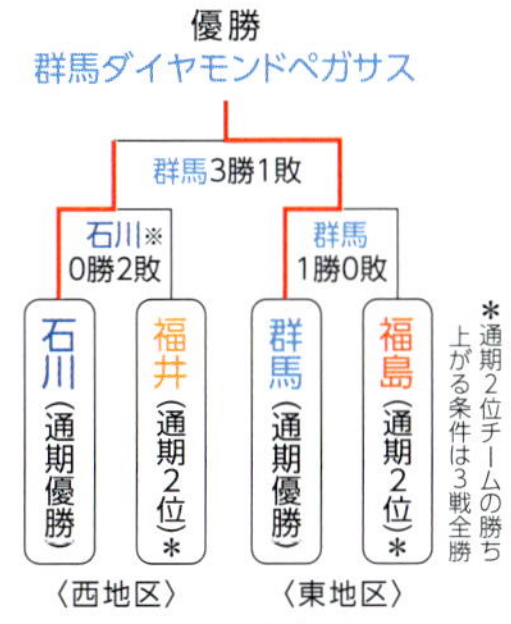

※福井3戦3勝の可能性が消滅のため

チーム投手成績

チーム名	防御率	試合	勝	敗	S	完投	投球回	打者	球数	被安打	被本打	奪三振	与四球	与死球	失点	自責	暴投	ボーク
群馬	3.17	71	42	27	21	3	624	2642	10004	567	26	496	228	34	278	220	43	13
福井	3.58	72	35	34	10	5	631	2729	9889	662	32	368	196	41	302	251	30	7
新潟	3.64	71	31	35	10	7	626	2751	10237	647	33	478	199	35	322	253	34	11
信濃	3.64	71	31	35	8	7	623	2696	9711	649	31	418	168	46	307	252	36	3
石川	3.87	71	41	26	20	3	625	2709	10018	640	29	518	196	47	310	269	41	2
福島	4.13	71	35	33	15	1	621 1/3	2755	10222	610	40	440	272	48	351	285	71	1
富山	4.41	72	27	40	6	5	633	2889	10682	728	35	424	239	53	397	310	46	6
武蔵	4.56	70	22	41	12	4	619 1/3	2780	10538	653	54	453	244	35	399	314	59	3

チーム打撃成績

チーム名	打率	試合	打数	得点	安打	二打	三打	本打	打点	三振	四球	死球	犠打	犠飛	盗塁	失策	併打	残塁
信濃	.280	71	2401	317	672	91	28	34	290	383	205	57	61	32	49	74	52	568
石川	.279	71	2460	360	686	106	20	40	315	463	224	41	32	21	65	60	48	565
群馬	.274	71	2383	352	652	106	10	62	319	454	231	49	69	17	30	88	50	548
富山	.273	72	2479	331	678	100	20	23	308	479	182	46	34	26	55	91	60	534
福島	.266	71	2422	358	645	81	24	43	315	480	219	29	39	23	69	85	29	518
福井	.260	72	2389	326	620	103	22	29	295	433	233	46	59	15	104	73	52	527
新潟	.253	71	2343	316	593	86	15	32	277	420	244	29	51	14	93	85	58	494
武蔵	.247	70	2344	278	578	106	24	20	249	415	186	45	61	19	59	105	42	496

初代監督●インタビュー

「信濃グランセローズはNo.1球団」

木田 勇

信濃グランセローズ 初代監督

2007年、BCリーグとともに産声をあげた信濃グランセローズ。その黎明期を支えたのが、初代監督の木田勇氏だ。選手とともに歴史的第一歩を踏み出し、2年間チームを指揮した木田氏に独占インタビューした。そこには、いまだに薄れていない「グランセローズ愛」があった。

優勝は球団の「努力の賜物」

――2017年、信濃グランセローズは球団創設11年目にして、初のリーグ優勝を達成しました。初代監督として、どんな思いが込み上げてきましたか？

私は08年のシーズンで監督を辞任し、球団を離れてもう10年が経ちますが、今でもやっぱりグランセローズの結果が気になるんです。週末は「今日はどうだったかなぁ」とネットで結果を見るのが習慣となっているのですが、優勝が決まったことを知った時は、監督時代のことを思い出して感慨深くなりました。

――どんなことを思い出されていたのでしょうか？

今だから言えることですが、当時はまだリーグや球団ができたばかりで、当然ですが、さまざまなことがゼロからのスタートでした。球団も試行錯誤の連続だったと思いますし、私たち現場も結果を求められる中で選手を育成し、さらに地域貢献も、ということで、とにかく毎日が必死でした。そんなことを思い出して、「よくここまできたなぁ」という思いが込み上げてきました。

――優勝できた要因は何だったと思われますか？

私はね、今回の優勝は何より球団の「成長」と「努力」の賜物（たまもの）じゃないかな、と思っているんです。選手が伸び伸びと野球に打ち込むことができる環境を、球団がきちんと用意してくれた。だからこそ、選手は頑張ることができたし、結果を出すことができたのではないかなと。私も日本ハム時代にリーグ優勝を経験しましたが、やっぱり優勝する球団というのはフロントと現場との間に一体感が生まれているものなんです。それが昨年のグランセローズにはあったのではないでしょうか。

（写真は信濃監督時代に撮影されたもの）

プロフィル

木田 勇　きだ・いさむ

1954年、横浜市出身。横浜商大高、日本鋼管を経て、80年ドラフト1位で日ハムに入団。1年目からエースとして活躍し最多勝、年間MVP、ダイヤモンドグラブ賞など数々のタイトルを獲得。86年に横浜、90年に中日へ移籍し、同年現役を引退。07年から2季にわたり信濃グランセローズ初代監督を務めた。

野球の世界観を広げた「2年間」

——監督を務めた2年間で、印象に残っている試合を教えてください。

うーん、いろいろなことが思い出されて、一つに絞ることはなかなかできないのですが、強いて言うなら、初年度の開幕2試合目、富山サンダーバーズとの試合ですね。初代キャプテンを務めた4番・松橋良幸がホームランを打ったんです。きれいな放物線を描いた打球がレフトスタンドに入ったのですが、それが記念すべきBCリーグ第1号。それもあってか、不思議とあのホームランは印象に残っていますね。

——グランセローズで過ごした2年間は、どんなものでしたか？

私にとっては、野球の引き出しを増やしていただいた、かけがえのない2年間でした。あの2年間で「独立リーグ」という世界を肌で知ることができ、選手と接することができたからこそ、野球への価値観、そして選手に対する考え方というのは、非常に柔軟になったかなと。これからの目標として「野球を語れるおじいちゃん」になりたいと思っているので（笑）、そういう意味でも、あの2年間は今後の人生にも生かされるのではないかと思っています。

いつまでも「挑戦」の気持ちで

——木田さんにとって、信濃グランセローズとはどんな球団ですか？

私は、グランセローズは独立リーグの中でもナンバーワンだと思っているんです。だって、これまで10年間、唯一優勝したことがなかったにもかかわらず、スポンサーさんは支援を続けてくださり、そしてファンは変わらず応援してくれていたわけですよね。本当にすごいことだなと思いますよ。その球団に対する熱い思いというのは、私が監督時代の時からありました。長野県内どこに行っても、県民の皆さんが「木田監督、木田監督」と声をかけてくれて、練習にはよく野菜やフルーツ、飲料の差し入れが届けられました。私も選手たちも、どんなに感謝したかわかりません。昨年の優勝は、長野県民が我慢強く支え続けてくれたからこそだったと思います。

——信濃グランセローズの「これから」に期待することとは？

「連勝」「連覇」というのは、とても難しいことだと思いますが、ぜひ挑戦していってほしいですね。独立リーグというのは、安住する場所ではありません。選手たちは皆、NPBに上がるために入ったはずです。その当初の目標を見失うことなく、自らさらにハードルを上げて、それを越えていけるように努力してほしいと思います。

——最後に、球団にメッセージをお願いします。

私が現役時代の「座右の銘」として、またグランセローズの監督時代に選手によく言っていたのが「挑戦」という言葉。球団も選手たちも、常に新しいことにチャレンジする気持ちを持ってほしいなと思います。それこそ、BCリーグは「ベースボール・チャレンジ・リーグ」ですからね！　私も、球団が存続する限り、これからもずっと信濃グランセローズを応援しています！

「幸せな野球人生。信州は本当のふるさとになった！」

三沢今朝治

長野県民球団　初代社長

発足以来11年間にわたって球団トップを務めてきた三沢今朝治氏。最後のシーズンに悲願のリーグ優勝を果たし、２０１８年３月に会長を退いた。「お疲れさま！」「ありがとう！」の気持ちを込めて、半世紀以上にもおよぶプロとしての野球人生と、信濃での11年間を振り返ってもらった。（インタビューは２０１８年２月20日）

11年目の初優勝、心残りが消えた！

——初優勝、おめでとうございます。優勝決定の瞬間のお気持ちは？

うれしかった！　ファンの人たちにも喜んでもらえた。小諸では胴上げまでしてもらって、涙が出そうでした。これでやっと恩返しができたという気持ちでした。

10年間一度も優勝していないチームでしたから、正直半期の優勝だけでも十分だと思っていましたが、地区優勝、リーグ優勝までできた。今期限りで会長職を退任することを決めていたので、一度も優勝を知らずに辞めることになるのか、と寂しい気持ちがよぎったこともあります。だから最後に優勝できて、本当にうれしかった。心残りがなくなりました。

——優勝の決め手は何だったのでしょう。

本西監督の手腕に尽きます。プロとして見てもそう思う。ぼくは甘いところがあって、つい選手に味方してかばってしまうと反省していますが、本西監督にはそれがない。投手力を中心とした守り、機動力…

プロフィル
三沢今朝治　みさわ・けさはる
1941年、松本市出身。松商学園高校、駒沢大学を経て、63年内野手として東映フライヤーズ（現・北海道日本ハムファイターズ）入団。74年現役引退。翌年から日ハムのフロント入りし、スカウト、チーム統括本部長などを務め、05年退職。06年㈱長野県民球団代表取締役社長に就任し、16年に代表取締役会長、18年3月から取締役相談役。

どういうチームを作りたいか明確でぶれない。そのために必要な選手は自ら行動して獲得してくる。選手には野球の厳しさも伝えています。チームの方針に従わない選手は使わない。こうすればうまくなると指示して、まじめに取り組む選手を起用する。結果的に選手はうまくなりました。もともと昨季は戦力が整っていたわけではなく、打線も富山や群馬の方が迫力がありましたが、信濃は総合力を発揮できた。

優勝を決めて、小諸で胴上げされる三沢会長（当時）

信濃グランセローズは野球人生の集大成

―11年間務めた球団経営から退任されます。

社長を辞めたとき、東京の家に帰ると家族に約束していたんですよ。でも、優勝していなかったし、会長としてあと2年やらせてほしいと説得した。優勝できたのですっきりして東京に帰れます。

―長い野球人生の中で、信濃グランセローズはどんな位置付けになりますか。

集大成ですね。本当にいろいろなことを経験させてもらいました。ぼくは18歳で東京の大学へ進学し、卒業後に東映フライヤーズに入団。名前が変わって日本ハムファイターズになりましたが、チームは同じですから、野球人生は日ハムと信濃だけです。現役引退後は日ハムでスカウト、編成部長などを経験し、北海道移転や新庄剛志、稲葉篤紀などのスター選手獲得にも関わってきました。05年に64歳で退職したときは、東京でのんびり暮らして家族に恩返しができると思っていた。ずっと「わが家は母子家庭だ」って責められていましたからね。77歳まで野球ひと筋で生きてこられたのは、家族の理解と信濃のおかげです。最後を優勝で飾れて本当に幸せな野球人生です。

信濃からNPB1軍でレギュラーになれる選手を

―07年からBCリーグが始まりました。

日ハムを退職して1年もたたないうちに、村山代表からBCリーグを創設したいので、監督をできる人を紹介してほしいと相談があり、長野では飯島（泰臣氏。現球団会長）さんが中心と聞いて、励まそうと電話したら、社長に就任してほしいと頼まれました。ぼくはうれしかった。野球ひと筋で故郷のことを何も知らない。何か一つぐらい恩返ししたいという思いと、野球が好きだという思いで、家族を説得して引き受けることにしました。

―そしてオリスタで開幕…。

不安でいっぱいでしたが、6000人を超える人たちが来てくれて、熱気がすごかった。当時は地元選手が多く、選手の出身地からたくさんの人たちが駆けつけて声援を送ってくれました。「これならやっていける」と手応えも感じました。ぼくは勝利以上に地元選手を育て、NPBに輩出することが大事だと考えていたのですが、なかなか優勝できないとファンの方からも勝てるチームを望む声が大きくなってきました。外国人選手なども取りましたが、それでもなかなか勝てなかった。でもこのチームから6人の選手がNPBのドラフト指名を受け、4人が指導者として復帰を果たしましたから、育成という点では満足しています。ただNPB1軍でレギュラーになれる選手を育てたかった。そういう日は近いと思っています。

これからは相談役、リーグ顧問として貢献

―ファンにひと言お願いします。

故郷といっても何も知らない長野県に来て、11年間、県内各地を回って素晴らしい自然、おいしい食べ物や県民性もわかり、本当の故郷になりました。応援していただいた皆さんには心から感謝しています。個人で遊ぶことが多い時代に、子どもたちに試合を見てもらって、野球の素晴らしさやチームワークの大切さを伝えられた。その価値はとても大きいと自負しています。信濃はこれからも子どもたちの夢や地域振興に貢献していきますから、引き続き応援してください。東京暮らしにはなりますが、球団の相談役、リーグの顧問を頼まれているので、球場で会えることも多いと思います。これからも信濃の戦力アップや独立リーグの地位向上に尽力していきます。

横浜 DeNA ベイスターズ 投手 #94

笠井崇正

NPB1軍マウンドへ――

プロフィル

笠井崇正 かさい・たかまさ

1994年、北海道出身。旭川西高校―早稲田大学。大学在学中の16年に信濃グランセローズ入団。主にセットアッパーとして活躍し、同年横浜DeNAから育成ドラフト1位指名を受け入団。18年1月に支配下登録。信濃での成績は35試合、防御率2.43（37回）、3勝1敗1セーブ、奪三振36。

今年1月、横浜DeNAベイスターズは2016年の育成ドラフト1位で信濃グランセローズから獲得した笠井崇正投手の支配下登録を発表した。

昨年のイースタンリーグで25試合に登板して防御率3・72。その成績も当然、評価の対象となったが、そこからさらに彼の評価を引き上げるポイントとなったのが昨年11月下旬から約1カ月間にわたって参加した台湾ウインターリーグでの神懸かった投球だった。

NPBイースタンリーグ選抜のメンバーとしてこの大会に参加した笠井は、10試合連続無失点（イニング数は12回）という完全無欠な投球でリーグ戦を終了した。

最速151キロの速球と切れ味鋭い変化球を武器に、12月7日の韓国選抜（KBO）戦では5者連続三振を奪う圧巻の投球で、首脳陣だけでなくネット中継などでこの試合を見ていた多くのプロ野球ファンにインパクトを残した。

「1カ月間、向こう（台湾）に行った中で、多少の波があったにせよ、安定して結果を出したことが今回一番良かったのかなと思います」

好不調の波に飲まれず一定の結果を出し続けることはセットアッパーの絶対条件である。それをクリアしたことも、今回の支配下登録を勝ち取る大きな要因になっただろう。

異国の厳しい環境の中でも持っているすべての力を出し切れる。まさにグランセローズ時代に培った強い精神力の賜物（たまもの）だった。

登板時は、コーチに出番を伝えられるまで自分のスイッチをオフにする。

「コーチから行くぞと言われたときに自然とギアが入れられるように…。逆にそれまでは無理に上げないで、普段と変わらない感じで過ごしています」

© YOKOHAMA DeNA BAYSTARS

緊迫する試合中盤での登板もまるで気にしない強心臓。リリーフは自分の天職とばかりに自信満々に話す。

この春は1軍の宜野湾キャンプメンバーに選ばれ、2月11日に行われた阪神との練習試合では2回を内野安打1本の無失点に抑える好投。キャンプ第2クールでは投手MVPにも選ばれた。

「球種的にも決して引き出しが多いタイプではないですし、自分の中でも魅力を感じて、カッコいいと思っているのがリリーフなので…。リリーフだと毎日準備しないといけない大変な部分もありますが、先発で週1回、そこに合わせて準備するよりも、自分には合っているのかなって思います」

グランセローズ時代から欠かさず続けてきたことがある。睡眠時間を最低7時間半は取ることだ。

「自分は寝ないとダメなタイプなんで…。たとえば次の日の練習で無理やり調子を上げようとしてもどこか違っていて…。でも、ちゃんと睡眠が取れれば自然と良い練習にもなるし、そこは絶対確保するようにしています」

しっかりした休養が翌日の好パフォーマンスにつながる。そう感じている。

「たとえばマウンドに上がって集中できないときって、やっぱり睡眠時間だったり、それまでの準備に問題があると思うんです。だからそこをちゃんとやらなければといけない。いざ投げるとなったときにあたふたしないよう、そこも（マウンドで）集中して投げるための準備だと思っています」

道立の旭川西高校から早稲田大学へ。一般入部で硬式野球部に入部したが、わずか2日で退部。その後は硬式野球のリークルに所属しながら、自分の投球フォームを見直した。

「今思うと、自分を客観的に見つめるいい期間になったのかなって思います。本当に細かい部分ですけど、技術的なところもそうだし、トレーニングの仕方や、メンタル面の作り方なども、少しずつ勉強して自分のプレーに活かせるようになったので」

2014年の11月にはBCリーグのトライアウトを経てグランセローズに入団。当時の自分について彼は振り返りながらこう言う。

「1回野球を辞めた期間があって、今、もう一度野球をやらせてもらっている。そこでいつまでも野球を続けられるのが普通じゃないんだと分かりました。だから毎日モチベーションを高いところで維持して取り組むんだと考えるようにもなりましたし、その経験が今に活きているのかなって思います」

昨年、グランセローズが創立11年目にして初のリーグ優勝を果たした。そのニュースは当時のチームメイトからSNSなどを通して知らされたが、自分ごとのように喜んだ。

「僕がいた2016年のシーズンから特に投手陣の顔触れが大きく変わったんですけど、優勝したことが信じられない気持ちでした。一緒にやっていた高井（ジュリアン）も頑張っていましたし、当然、自分の刺激にもなりましたね」

チーム内には明日のNPB選手を目指している選手たちが大勢いる。そんな後輩たちに向けて笠井はこう言う。

「今、いろいろと大変な環境で生活をしていると思うんですけど、育成枠でもプロ（NPB12球団）に入れば、支配下選手と変わらない環境で野球ができるし、十分に活躍できるチャンスがある。そこからはい上がってほしいです」

その言葉はNPBでこれから本当の勝負を迎える自分へのエールでもあるように聞こえた。ジャパニーズドリームが今、まさに幕を開けようとしている。

公式応援団・応援歌

いずれも信州に縁が深いアーティストが信濃グランセローズ応援団として応援歌を提供。ファンの声援とともに選手たちの原動力になっている!

柴村佳奈
応援歌「瞬間(とき)をつかめ!」

初代応援団 ココロコロン
応援歌「夢を叶えよう」

三四六《さんしろう》【応援団長】

応援歌「戦場のカモシカ」

1970年東京都生まれ、明治大学卒業。柔道4段、全国中学選手権大会優勝の実績を持つ。大学在学中にテレビの「ものまねバトル大賞」で優勝し芸能界デビュー。県内のテレビ、ラジオにレギュラー番組を持ちながら歌手、エッセイストなど多方面で活躍中。

パラレルドリーム

応援歌「Fight《ファイト》 Victory《ビクトリー》」

2013年Tonyagai Musicより「長野県から世界へ発信型アイドルユニット」として誕生。14年から信濃グランセローズ応援団としてホームゲームを盛り上げるかたわら、インドネシアをはじめ世界各国へ進出し、精力的に公演活動を展開。17年6月、キングレコードからメジャーデビューを果たした。

清水まなぶ

応援歌「Go Go セローズ」

応援活動を中心にマルチに活躍を続ける長野市出身のシンガーソングライター。2004年、小室哲哉・木根尚登氏のプロデュースにより自身作詞作曲の「サンキューニッポン」でCDデビュー。音楽活動の傍ら、戦争体験者の声を歌と語りで伝える「回想プロジェクト」を行っている。

綿内克幸

応援歌「Better《ベター》 Day《デイ》」

1965年生まれ。長野市出身のシンガーソングライター。88年にバンドとしてインディーズデビュー、Mr.Childrenのオープニングアクトなども務めた後にソロデビュー。現在は綿内組として全国でライブ活動を行っている。

塩澤有輔

応援歌「糸」

飯田市生まれのピアノ弾き語りシンガーソングライター。大学卒業後、バンドでヴォーカルを担当するなど音楽活動を開始、2007年よりソロ活動、及び作詞作曲をスタートする。現在東京を拠点に活動中。

晋平少年少女合唱団

応援歌「輝け! 信濃の空に」

1987年、中野市出身の作曲家・中山晋平の生誕100年を記念して設立された。団員は小学1年生から高校生までの約50人。さまざまなイベントや定期演奏会などを中心に音楽活動を行っている。応援歌は指導者・山﨑浩先生のオリジナル。

信濃グランセローズ

選手名鑑

2007-2017

選手名鑑の読み方

写真	ポジション **背番号** 選手名 よみがな 生年月日

出身地　投・打
血液型 身長 体重
球歴
年度成績

※プロフィール（球歴）の出身校名、チーム名は在籍当時のものです。

2007 SEASON

監督
81 木田 勇《きだ・いさむ》 1954.6.7 生
神奈川県出身
横浜商大高—日本鋼管—日本ハム—大洋—中日

打撃・守備・走塁コーチ
62 勝呂 壽統《すぐろ・ひろのり》 1963.9.23 生
千葉県出身
千葉商業高—日本通運浦和—巨人—オリックス—近鉄

投手コーチ
19 島田 直也《しまだ・なおや》 1970.3.17 生
千葉県出身
常総学院高—日本ハム—大洋—横浜—ヤクルト—近鉄

投手
11 吉田 章彦《よしだ・あきひこ》 1980.5.28 生
大阪府出身 右投・右打
O型 186cm 90kg
大阪商大高—近畿大—ミキハウス
3試合（1回2/3）0勝2敗0S、防御率37.80

投手
14 梅澤 敏明《うめざわ・としあき》 1986.6.20 生
長野市出身 右投・右打
B型 181cm 67kg
長野工業高
25試合（34回2/3）0勝2敗1S、防御率6.23

投手
15 小高 大輔《こだか・だいすけ》 1984.8.2 生
神奈川県出身 右投・右打
A型 176cm 75kg
武相高—富士大—日本ウェルネススポーツ専門学校
16試合（37回1/3）0勝1敗1S、防御率3.62

投手
16 西坂 盾哉《にしざか・じゅんや》 1985.6.1 生
茅野市出身 右投・右打
A型 183cm 72kg
東海大三高

投手
17 佐藤 広樹《さとう・ひろき》 1986.8.30 生
東京都出身 右投・右打
O型 184cm 83kg
安田学園高—徳島IS（四国IL）
19試合（125回）7勝6敗0S、防御率2.30（リーグ1位）

投手
18 給前 信吾《きゅうぜん・しんご》 1985.10.22 生
神奈川県出身 右投・左打
O型 171cm 71kg
横浜商大高
26試合（112回1/3）7勝9敗0S、奪三振96（リーグ2位）、防御率4.41

投手
20 下條 剛《しもじょう・つよし》 1985.12.5 生
千葉県出身 左投・左打
AB型 178cm 62kg
流山東高—野田BC—Uリーグ沖縄
19試合（19回）0勝0敗0S、防御率7.11

投手
21 藤原 航真《ふじわら・かずま》 1988.10.1生
松本市出身 右投・右打
O型 178cm 76kg
創造学園大高
14試合（69回2/3）3勝6敗0S、防御率6.20

投手
22 小坂 英《こさか・すぐる》 1983.9.7 生
静岡県出身 右投・左打
AB型 183cm 70kg
伊豆中央高—ZERO硬式野球クラブ
15試合（22回）0勝1敗0S、防御率8.59

投手
23 小林 史也《こばやし・ふみや》 1985.12.8 生
飯山市出身 右投・左打
O型 182cm 80kg
飯山南高—松戸BC—Uリーグ沖縄
31試合（45回1/3）1勝3敗9S（リーグ2位）、防御率3.77 ※7月度リーグ月間MVP

投手
92 涌島 稔《わくしま・みのる》 1984.8.21 生
北海道出身 右投・右打
A型 185cm 93kg
旭川実業高—旭川グレートベアーズ—高知FD（四国IL）
24試合（121回2/3）10勝（リーグ2位）3敗0S、防御率3.25

投手
98 鈴江 彬《すずえ・あきら》 1986.12.25 生
神奈川県出身 右投・右打
O型 180cm 95kg
横浜隼人高—興農ブルズ（台湾）—横浜ベイブルース
25試合（38回）3勝2敗2S、防御率2.13

捕手
27 松橋 良幸《まつはし・よしゆき》 1981.4.10 生
長野市出身 右投・右打
O型 183cm 80kg
長野東高—駒沢大—高知FD（四国IL）
59試合、打率.200、打点18、盗塁8

捕手
31 飛田 規光《とびた・のりみつ》 1983.9.21 生
茨城県出身 右投・右打
A型 175cm 85kg
多賀高—東北福祉大—茨城ゴールデンゴールズ
35試合、打率.195

捕手
78 平泉 悠《ひらいずみ・ゆう》 1984.8.31 生
東京都出身 右投・右打
O型 180cm 95kg
大森学園高—東京LBC
38試合、打率.231、本塁打8、打点17

内野手
0 久米 直光《くめ・なおみつ》 1983.7.25 生
茨城県出身 右投・両打
A型 176cm 70kg
藤代紫水高—上武大—徳島IS（四国IL）
17試合、打率.318

内野手
2 荻原 英生《おぎわら・ひでお》 1984.8.15 生
高山村出身 右投・右打
O型 168cm 67kg
佐久長聖高—帝京大
66試合、打率.330、打点31、盗塁10

内野手
4 市川 貴之《いちかわ・たかゆき》 1984.8.24 生
辰野町出身 右投・左打
O型 174cm 67kg
上田西高—松本大
66試合、打率.290、打点11、盗塁13

内野手
7 泰楽 康之《たいらく・やすゆき》 1984.4.17 生
千葉県出身 右投・右打
AB型 174cm 75kg
中央学院高—青森大
52試合、打率.253、打点15、犠打12

内野手
13 今井 政司《いまい・まさし》 1984.8.2 生
千葉県出身 右投・右打
O型 173cm 75kg
市立柏高—茨城ゴールデンゴールズ
70試合、打率.283、本塁打5、打点38、犠打11

内野手
24 町田 孝行《まちだ・たかゆき》 1985.12.3 生
須坂市出身 右投・左打
O型 182cm 85kg
東海大三高
64試合、打率.306、打点34、盗塁8

内野手
25 赤津 弘《あかつ・ひろし》 1984.3.17 生
塩尻市出身 右投・右打
B型 177cm 72kg
松本県ケ丘高—横浜国立大
34試合、打率.237、犠打9

内野手
44 村上 正祐《むらかみ・しょうすけ》 1987.9.18 生
愛知県出身 右投・右打
B型 184cm 85kg
塚原青雲高
41試合、打率.208、打点7

外野手
1 大村 有三《おおむら・ゆうぞう》 1981.4.26 生
千葉県出身 右投・左打
O型 181cm 78kg
拓殖大紅陵高—明治大—NTT信越クラブ
70試合、打率.321、本塁打3、打点42、盗塁8

外野手
3 渡辺 大輝《わたなべ・だいき》 1982.4.2 生
京都府出身 右投・右打
O型 178cm 78kg
平安高—九州共立大—茨城ゴールデンゴールズ
64試合、打率.289、本塁打6、打点39、盗塁6

外野手
5 大橋 雅俊《おおはし・まさとし》 1984.7.30 生
千曲市出身 右投・両打
A型 171cm 76kg
松代高—NTT信越クラブ
58試合、打率.229、打点9、犠打7、盗塁4

外野手
39 坂田 一万《さかた・かずま》 1985.2.22 生
伊那市出身 左投・左打
B型 165cm 65kg
海星高—成城大
55試合、打率.243、打点15、犠打5、盗塁16

2008
SEASON

監督
81
木田 勇
きだ・いさむ
1954.6.7 生
神奈川県出身
横浜商大高－日本鋼管－日本ハム－大洋－中日

投手コーチ
19
島田 直也
しまだ・なおや
1970.3.17 生
千葉県出身
常総学院高－日本ハム－大洋－横浜－ヤクルト－近鉄

打撃コーチ兼外野手
8
竜太郎(辻 竜太郎)
つじ・りゅうたろう
1976.6.8 生
大阪府出身　右投・左打
AB型 180cm 80kg
松商学園高－明治大－ヤマハ－オリックス－楽天
60試合、打率.333(リーグ3位)、本塁打3、打点25 ※6月度リーグ月間MVP、08シーズンベストナイン(DH)

投手
11
仁平 翔
にへい・しょう
1987.3.4 生
茨城県出身　左投・左打
O型 185cm 87kg
常総学院高－茨城ゴールデンゴールズ
16試合(74回2/3) 3勝7敗0S、防御率3.74

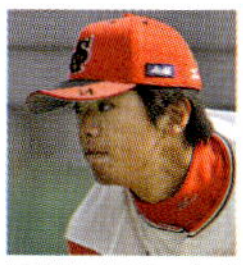
投手
14
梅澤 敏明
うめざわ・としあき
1986.6.20 生
長野市出身　右投・右打
B型 181cm 70kg
長野工業高
35試合(43回1/3) 2勝2敗0S、防御率3.95

投手
15
小高 大輔
こだか・だいすけ
1984.8.2 生
神奈川県出身　右投・右打
A型 176cm 81kg
武相高－富士大－日本ウェルネススポーツ専門学校
16試合(50回) 4勝3敗1S、防御率2.70

投手
16
込山 勇人
こみやま・はやと
1986.1.28 生
長野市出身　左投・右打
AB型 177cm 72kg
犀峡高－松本大
27試合(15回) 0勝0敗0S、防御率3.00

投手
17
佐藤 広樹
さとう・ひろき
1986.8.30 生
東京都出身　右投・右打
O型 184cm 85kg
安田学園高－徳島IS(四国IL)
16試合(71回2/3) 5勝6敗0S、防御率3.52

投手
18
給前 信吾
きゅうぜん・しんご
1985.10.22 生
神奈川県出身　右投・左打
O型 171cm 68kg
横浜商大高
40試合(57回2/3) 3勝2敗9S(リーグ2位)、防御率2.18

投手
21
藤原 航真
ふじわら・かずま
1988.10.1 生
松本市出身　右投・右打
O型 178cm 78kg
塚原青雲高

投手
23
米澤 孝祐
よねざわ・こうすけ
1985.11.6 生
徳島県出身　右投・右打
B型 188cm 93kg
小松島西高－アリゾナDバックス－サムライベアーズ
13試合(12回2/3) 0勝1敗0S、防御率10.66

投手
29
小林 史也
こばやし・ふみや
1985.12.8 生
飯山市出身　右投・左打
O型 182cm 85kg
飯山南高－松戸BC－Uリーグ沖縄
2試合(3回) 0勝0敗0S

投手
32
髙田 周平
たかだ・しゅうへい
1985.6.3 生
兵庫県出身　左投・左打
AB型 178cm 75kg
関西創価高－創価大
24試合(141回2/3) 4勝8敗0S、防御率2.29

投手
48
涌島 稔
わくしま・みのる
1984.8.21 生
北海道出身　右投・右打
A型 185cm 98kg
旭川実業高－旭川グレートベアーズ－高知FD(四国IL)
19試合(77回) 3勝3敗1S、防御率4.09

投手
98
鈴江 彬
すずえ・あきら
1986.12.25 生
神奈川県出身　右投・右打
O型 180cm 93kg
横浜隼人高－興農ブルズ(台湾)－横浜ベイブルース
29試合(82回2/3) 2勝2敗2S、防御率3.16

捕手
12
浩太(清水浩太)
しみず・こうた
1988.2.28 生
神奈川県出身　右投・左打
172cm 65kg
横浜隼人高－横浜市立大・旭中央クラブ
18試合、打率.000

捕手
22
中村 一也
なかむら・かずや
1985.8.10 生
上田市出身　右投・右打
B型 182cm 77kg
丸子実業高－松本大
36試合、打率.159、打点7、犠打6

捕手
27
松橋 良幸
まつはし・よしゆき
1981.4.10 生
長野市出身　右投・右打
O型 183cm 80kg
長野東高－駒沢大－高知FD(四国IL)
55試合、打率.176、打点8、犠打8

捕手
31
飛田 規光
とびた・のりみつ
1983.9.21 生
茨城県出身　右投・右打
A型 175cm 90kg
多賀高－東北福祉大－茨城ゴールデンゴールズ
13試合、打率.100

投手
52
星山 智典
ほしやま・とものり
1988.9.5 生
京都府出身　右投・右打
?型 184cm 81kg
鳥羽高

投手
78
平泉 悠
ひらいずみ・ゆう
1984.8.31 生
東京都出身　右投・右打
O型 180cm 107kg
大森学園高－ものつくり大－東京LBC
15試合、打率.206

内野手
2
荻原 英生
おぎわら・ひでお
1984.8.15 生
高山村出身　右投・右打
O型 168cm 67kg
佐久長聖高－帝京大
18試合、打率.209、打点3

内野手
4
市川 貴之
いちかわ・たかゆき
1984.8.24 生
辰野町出身　右投・左打
O型 174cm 71kg
上田西高－松本大
60試合、打率.287、打点18、盗塁6

内野手
6
清水 勝仁
しみず・かつひと
1985.5.9 生
兵庫県出身　右投・右打
B型 178cm 73kg
専修大北上高－早稲田大
55試合、打率.221、本塁打2、打点18

内野手
7
泰楽 康之
たいらく・やすゆき
1984.4.17 生
千葉県出身　右投・右打
AB型 175cm 79kg
中央学院高－青森大
60試合、打率.242、打点12、犠打13

内野手
9
松澤 俊充
まつざわ・としみつ
1985.6.6 生
南箕輪村出身　右投・右打
A型 183cm 85kg
上伊那農業高－松本大
10試合、打率.000

内野手
13
今井 政司
いまい・まさし
1984.8.2 生
千葉県出身　右投・右打
O型 173cm 75kg
市立柏高－茨城ゴールデンゴールズ
70試合、打率.216、本塁打3、打点17、犠打19

内野手
24
町田 孝行
まちだ・たかゆき
1985.12.3 生
須坂市出身　右投・左打
O型 182cm 86kg
東海大三高
64試合、打率.210、打点15

内野手
25
赤津 弘
あかつ・ひろし
1984.3.17 生
塩尻市出身　右投・右打
B型 177cm 75kg
松本県ケ丘高－横浜国立大
21試合、打率.077

内野手
44
村上 正祐
むらかみ・しょうすけ
1987.9.18 生
愛知県出身　右投・右打
B型 184cm 85kg
塚原青雲高
52試合、打率.234、打点11

外野手
1
大村 有三
おおむら・ゆうぞう
1981.4.26 生
千葉県出身　右投・左打
O型 181cm 78kg
拓殖大紅陵高－明治大－NTT信越クラブ
61試合、打率.305、本塁打3、打点27、盗塁11

外野手
3
渡辺 大輝
わたなべ・だいき
1982.4.2 生
京都府出身　右投・右打
O型 177cm 75kg
平安高－九州共立大－茨城ゴールデンゴールズ
60試合、打率.324、打点17、盗塁7

外野手
5
大橋 雅俊
おおはし・まさとし
1984.7.30 生
千曲市出身　右投・両打
A型 171cm 85kg
松代高－NTT信越クラブ
64試合、打率.266、本塁打2、打点15

外野手
33
笠井 達也
かさい・たつや
1985.7.11 生
塩尻市出身　右投・右打
AB型 175cm 66kg
塩尻志学館高－金沢星稜大
63試合、打率.230、打点10、犠打11、盗塁9 ※5月度リーグ月間MVP

外野手
39
坂田 一万
さかた・かずま
1985.2.22 生
伊那市出身　左投・左打
B型 163cm 65kg
海星高－成城大
60試合、打率.245、打点10、犠打11、盗塁12

2009
SEASON

監督
90
今久留主 成幸
いまくるす・なりゆき
1967.5.10 生
大阪府出身　右投・右打
PL学園高ー明治大ー大洋ー西武

投手コーチ
19
島田 直也
しまだ・なおや
1970.3.17 生
千葉県出身　右投・右打
常総学院高ー日本ハムー横浜ー
ヤクルトー近鉄

プレーイングコーチ(打撃)
8
竜太郎(辻 竜太郎)
つじ・りゅうたろう
1976.6.8 生
大阪府出身　右投・左打
AB型 180cm 78kg
松商学園高ー明治大ーヤマハーオリックスー楽天
60試合、打率.355 (リーグ1位)、本塁打7、
打点34 ※6月度リーグ月間MVP、
09シーズンベストナイン (DH)

投手
11
仁平 翔
にへい・しょう
1987.3.4 生
茨城県出身　左投・左打
O型 185cm 90kg
常総学院高ー茨城ゴールデンゴールズ
7試合 (28 回2/3) 1勝3敗0S、
防御率4.71

投手
12
鈴木 幸介
すずき・こうすけ
1988.7.12 生
東京都出身　右投・右打
O型 180cm 78kg
成立学園高ー日本ウェルネススポーツ専門学校
11試合 (45 回1/3) 2勝3敗0S、
防御率4.37

投手
13
大竹 秀義
おおたけ・ひでよし
1988.7.26 生
埼玉県出身　右投・右打
AB型 180cm 77kg
春日部共栄高
30試合 (39 回1/3) 1勝3敗1S、
防御率3.89

投手
14
梅澤 敏明
うめざわ・としあき
1986.6.20 生
長野市出身　右投・右打
B型 181cm 70kg
長野工業高
23試合 (16回1/3) 0勝0敗1S、
防御率6.61

投手
15
小高 大輔
こだか・だいすけ
1984.8.2 生
神奈川県出身　右投・右打
A型 177cm 82kg
武相高ー富士大ー
日本ウェルネススポーツ専門学校
23試合 (20回) 0勝0敗0S、防御率6.30

投手
17
佐藤 広樹
さとう・ひろき
1986.8.30 生
東京都出身　右投・右打
O型 184cm 86kg
安田学園高ー徳島IS (四国IL)
18試合 (41回1/3) 3勝3敗0S、
防御率6.31

投手
18
給前 信吾
きゅうぜん・しんご
1985.10.22 生
神奈川県出身　右投・左打
O型 173cm 69kg
横浜商大高
11試合 (38回1/3) 1勝3敗0S、
防御率3.76

投手
20
芦田 真史
あしだ・まさふみ
1986.8.21 生
京都府出身　右投・右打
AB型 187cm 82kg
福知山成美高ー大阪経済大
25試合 (66回2/3) 2勝3敗0S、
防御率4.59

投手
21
藤原 航真
ふじわら・かずま
1988.10.1 生
松本市出身　右投・右打
O型 178cm 80kg
塚原青雲高

投手
23
星野 真澄
ほしの・ますみ
1984.4.4 生
埼玉県出身　左投・左打
A型 181cm 72kg
埼玉栄高ー愛知工大ーバイタルネット
36試合 (153回1/3) 8勝8敗3S、
奪三振128 (リーグ3位)、防御率2.82
※6月度リーグ月間MVP

投手
32
髙田 周平
たかだ・しゅうへい
1985.6.3 生
兵庫県出身　左投・左打
AB型 178cm 75kg
関西創価高ー創価大
27試合 (127回) 7勝9敗2S、
奪三振119、防御率2.98

投手
99
高森 一生
たかもり・いっせい
1984.7.10 生
滋賀県出身　右投・右打
A型 183cm 96kg
伊香高ー甲賀健康医療専門学校ー
石川MS (BCL)
24試合 (55回2/3) 2勝5敗1S、防御率4.04

捕手
2
友哉 (渡部友哉)
わたなべ・ともや
1987.10.29 生
宮城県出身　右投・左打
A型 173cm 70kg
日本大東北高
53試合、打率.238、打点9、犠打14

捕手
22
中村 一也
なかむら・かずや
1985.8.10 生
上田市出身　右投・右打
B型 182cm 83kg
丸子実業高ー松本大
34試合、打率.229

捕手
25
須田 聖士
すだ・きよと
1987.2.15 生
神奈川県出身　右投・右打
A型 174cm 73kg
桐蔭学園高ー創価大
1試合、打率.000

捕手
27
玄本 誠治
げんもと・せいじ
1986.3.24 生
岩手県出身　右投・右打
177cm 83kg
専修大北上高ー富士大ー
富山TB (BCL)
12試合、打率.214 ※移籍後の成績

捕手
52
星山 智典
ほしやま・とものり
1988.9.5 生
京都府出身　右投・右打
O型 184cm 81kg
鳥羽高
3試合、打率.000

内野手
3
渡辺 大輝
わたなべ・だいき
1982.4.2 生
京都府出身　右投・右打
O型 179cm 75kg
平安高ー九州共立大ー
茨城ゴールデンゴールズ
63試合、打率.272、打点13

内野手
4
市川 貴之
いちかわ・たかゆき
1984.8.24 生
辰野町出身　右投・左打
O型 174cm 75kg
上田西高ー松本大
59試合、打率.295、打点19、盗塁5

内野手
6
清水 勝仁
しみず・かつひと
1985.5.9 生
兵庫県出身　右投・右打
B型 178cm 76kg
専修大北上高ー早稲田大
44試合、打率.214

内野手
7
松本 匡礼
まつもと・まさひろ
1986.7.5 生
木曽町出身　右投・右打
O型 167cm 61kg
松商学園高ー松本大
66試合、打率.174、盗塁4、犠打38

内野手
9
松澤 俊充
まつざわ・としみつ
1985.6.6 生
南箕輪村出身　右投・右打
A型 182cm 85kg
上伊那農業高ー松本大
50試合、打率.217

内野手
24
町田 孝行
まちだ・たかゆき
1985.12.3 生
須坂市出身　右投・左打
O型 182cm 82kg
東海大三高ー
F野球クラブ・旋風クラブ
63試合、打率.199、打点14、犠打9

内野手
36
三井 悠嗣
みつい・ゆうじ
1986.4.18 生
神奈川県出身　右投・右打
O型 170cm 70kg
東海大相模高ー旭川大
11試合、打率.000

内野手
44
村上 正祐
むらかみ・しょうすけ
1987.9.18 生
愛知県出身　右投・右打
B型 186cm 89kg
塚原青雲高
67試合、打率.259、
本塁打9(リーグ2位)、打点36、盗塁5

内野手
55
村田 郷
むらた・ごう
1986.6.6 生
山梨県出身　右投・右打
A型 178cm 85kg
甲府工業高ー日本大ーワイテック
24試合、打率.228、打点10

外野手
0
今村 亮太
いまむら・りょうた
1986.5.22 生
飯田市出身　右投・左打
B型 175cm 73kg
佐久長聖高ー東京経済大
66試合、打率.337、打点31

外野手
1
大村 有三
おおむら・ゆうぞう
1981.4.26 生
千葉県出身　右投・左打
O型 181cm 80kg
拓殖大紅陵高ー明治大ー
NTT信越クラブ
64試合、打率.305、打点32、盗塁6

外野手
5
瀧本 京一郎
たきもと・きょういちろう
1991.3.30 生
長野市(旧中条村)出身　左投・左打
AB型 174cm 68kg
丸子修学館高
25試合、打率.111

外野手
16
込山 勇人
こみやま・はやと
1986.1.28 生
長野市出身　左投・左打
AB型 177cm 70kg
犀峡高ー松本大
65試合、打率.264、打点12、盗塁7

外野手
33
笠井 達也
かさい・たつや
1985.7.11 生
塩尻市出身　右投・右打
AB型 175cm 71kg
塩尻志学館高ー金沢星稜大
33試合、打率.204

外野手
39
坂田 一万
さかた・かずま
1985.2.22 生
伊那市出身　左投・左打
B型 163cm 65kg
長崎海星ー成城大
62試合、打率.234、打点12、盗塁9

2010
SEASON

監督
89
佐野 嘉幸
さの・よしゆき
1944.4.1 生
山梨県出身 右投・右打
O型 172cm 72kg
甲府工業高ー東映ー南海ー広島

投手コーチ
19
島田 直也
しまだ・なおや
1970.3.17 生
千葉県出身 右投・右打
AB型 175cm 80kg
常総学院高ー日本ハムー横浜ー
ヤクルトー近鉄

プレーイングコーチ（打撃）
8
竜太郎（辻 竜太郎）
つじ・りゅうたろう
1976.6.8 生
大阪府出身 右投・左打
AB型 180cm 78kg
松商学園高ー明治大ーヤマハーオリックスー楽天
59試合、打率.307、本塁打8（リーグ2位）、
打点337 ※7月度リーグ月間MVP

コンディショニングコーチ
76
関 賢一
せき・けんいち
1974.9.4 生
山ノ内町出身
A型 169cm 65kg
中野高ー日本社会体育専門学校

投手
3
徳永 雄哉
とくなが・ゆうや
1985.8.19 生
福岡県出身 右投・右打
A型 178cm 78kg
小倉東高ー愛媛大ー
福岡レッドワーブラーズ（四国九州IL）
25試合（75 回）2勝4敗0S、防御率3.48

投手
12
鈴木 幸介
すずき・こうすけ
1988.7.12 生
東京都出身 右投・右打
O型 180cm 78kg
成立学園高ー
日本ウェルネススポーツ専門学校
30試合（45 回）1勝2敗1S、防御率4.40

投手
13
大竹 秀義
おおたけ・ひでよし
1988.7.26 生
埼玉県出身 右投・右打
AB型 180cm 77kg
春日部共栄高

投手
15
三宅 英幸
みやけ・ひでゆき
1987.12.1 生
中野市出身 左投・左打
A型 177cm 70kg
飯山南高ー大東文化大
13試合（26回）0勝1敗0S、
防御率5.54

投手
16
伸幸（田中伸幸）
たなか・のぶゆき
1987.12.27 生
福岡県出身 右投・右打
B型 173cm 63kg
藤蔭高ー創造学園大
5試合（6回1/3）0勝0敗0S、
防御率4.26

投手
17
杉山 慎
すぎやま・しん
1984.7.14 生
千葉県出身 右投・左打
AB型 183cm 83kg
市立船橋高ー日本大ー全足利クラブ
26試合（148回2/3）9勝11敗0S、
奪三振83、防御率3.15

投手
18
給前 信吾
きゅうぜん・しんご
1985.10.22 生
神奈川県出身 右投・左打
O型 173cm 69kg
横浜商大高
25試合（164回2/3）9勝7敗0S、
奪三振112（リーグ3位）、防御率2.84

投手
20
芦田 真史
あしだ・まさふみ
1986.8.21 生
京都府出身 右投・右打
AB型 187cm 82kg
福知山成美高ー大阪経済大
16試合（45回）2勝3敗0S、
防御率4.80

投手
23
木村 聡志
きむら・さとし
1987.6.6 生
広島県出身 右投・両打
AB型 180cm 80kg
近畿大福山高ー創価大
10試合（16回）0勝1敗0S、
防御率3.38

投手
27
雄一郎（藤原雄一郎）
ふじわら・ゆういちろう
1984.10.18 生
安曇野市出身 左投・左打
A型 173cm 81kg
日本航空高ーカリフォルニア州立LA大
33試合（26回2/3）0勝5敗1S、
防御率5.74

投手
30
萩原 淳由
はぎはら・あつよし
1985.9.14 生
奈良県出身 右投・右打
170cm 74kg
上牧高ー大和高田クラブー
NOMOベースボールクラブー富山TB（BCL）
21試合（31回）1勝0敗0S、防御率2.90

投手
32
飯田 達也
いいだ・たつや
1987.4.25 生
埼玉県出身 右投・右打
AB型 181cm 76kg
越谷西高ー大正大
38試合（47回）3勝7敗、
12S（リーグ2位）、防御率2.87

捕手
2
友哉（渡部友哉）
わたなべ・ともや
1987.10.29 生
宮城県出身 右投・左打
A型 173cm 70kg
日本大東北高
49試合、打率.216、打点11、
犠打11

捕手
6
山﨑 大志
やまさき・たいし
1987.9.25 生
長崎県出身 右投・左打
A型 177cm 77kg
長崎海星高ー専修大
51試合、打率.256

捕手
9
北迫 太樹
きたさこ・たいき
1987.10.13 生
鹿児島県出身 右投・右打
AB型 184cm 87kg
鹿児島中央高ー鹿児島大

捕手
36
西江 竜哉
にしえ・たつや
1985.8.28 生
神奈川県出身 右投・右打
AB型 168cm 70kg
横浜高ー高千穂大ー
ゴールドジム・ベースボールクラブ
56試合、打率.243、打点19

捕手
51
根津 和希
ねづ・かずき
1989.6.8 生
山梨県出身 右投・右打
AB型 173cm 75kg
山梨学院大高ーWIEN'94
25試合、打率.000

内野手
4
市川 貴之
いちかわ・たかゆき
1984.8.24 生
辰野町出身 右投・左打
O型 174cm 75kg
上田西高ー松本大
50試合、打率.250、打点16

内野手
7
松本 匡礼
まつもと・まさひろ
1986.7.5 生
木曽町出身 右投・右打
O型 167cm 61kg
松商学園高ー松本大
39試合、打率.206、犠打11

内野手
14
田中 陽
たなか・あきら
1987.5.3 生
千葉県出身 右投・右打
B型 170cm 68kg
東京学館浦安高ー東海大
62試合、打率.210、打点16、
犠打10

内野手
24
井領 翔馬
いりょう・しょうま
1991.8.15 生
上松町出身 右投・左打
A型 183cm 80kg
松商学園高
4試合、打率.000

内野手
33
ダイチ（竹内大地）
たけうち・だいち
1991.4.25 生
東京都出身 右投・左打
O型 174cm 70kg
東海大相模高
10試合、打率.250

内野手
39
五十嵐 竜亮
いがらし・りゅうすけ
1988.9.7 生
福島県出身 右投・左打
O型 168cm 67kg
学法石川高ー
日本ウェルネススポーツ専門学校
52試合、打率.240、打点10

内野手
55
村田 郷
むらた・ごう
1986.6.6 生
山梨県出身 右投・右打
A型 178cm 85kg
甲府工業高ー日本大ーワイテック
40試合、打率.268、打点10

外野手
0
今村 亮太
いまむら・りょうた
1986.5.22 生
飯田市出身 右投・左打
B型 175cm 73kg
佐久長聖高ー東京経済大
70試合、打率.298、打点22、
盗塁12

外野手
1
大村 有三
おおむら・ゆうぞう
1981.4.26 生
千葉県出身 右投・左打
O型 181cm 80kg
拓殖大紅陵高ー明治大ー
NTT信越クラブ
60試合、打率.293、打点35

外野手
5
瀧本 京一郎
たきもと・きょういちろう
1991.3.30 生
長野市（旧中条村）出身 左投・左打
AB型 174cm 70kg
丸子修学館高
46試合、打率.259

外野手
22
脇田 晃
わきた・ひかる
1987.11.16 生
和歌山県出身 右投・右打
A型 180cm 80kg
関西創価高ー創価大
55試合、打率.286、打点16

外野手
29
フミヒサ（佐野史学）
さの・ふみひさ
1985.5.15 生
山梨県出身 左投・左打
B型 171cm 66kg
山梨学院大高ー日本大ーワイテック
58試合、打率.300、打点21、盗塁14
※10シーズンベストナイン（外野手）

外野手
99
ムヨル（呉 武烈）
オ・ムヨル
1988.12.7 生
韓国出身 右投・右打
AB型 184cm 91kg
徽文高ー高知FD（四国九州IL）
44試合、打率.256、打点20

投手（練習生）
21
藤原 航真
ふじわら・かずま
1988.10.1 生
松本市出身 右投・右打
O型 178cm 80kg
塚原青雲高

投手（練習生）
25
保科 文紀
ほしな・ふみよし
1991.5.11 生
長野市出身 左投・左打
B型 178cm 76kg
長野好球倶楽部

2011 SEASON

監督
89
佐野 嘉幸《さの・よしゆき》
1944.4.1 生
山梨県出身 右投・右打
O型 172cm 72kg
甲府工業高−東映−南海−広島

総合兼守備走塁コーチ
87
猿渡 寛茂《さるわたり・ひろしげ》
1949.4.28 生
福岡県出身 右投・右打
O型 172cm 82kg
三池工業高−三菱重工−東映−日拓−日本ハム

投手コーチ
80
酒井 光次郎《さかい・みつじろう》
1968.1.31 生
大阪府出身 左投・左打
A型 172cm 80kg
松山商業高−近畿大−日本ハム−阪神

コンディショニングコーチ
76
関 賢一《せき・けんいち》
1974.9.4 生
山ノ内町出身
A型 169cm 65kg
中野高−日本社会体育専門学校

投手
11
小倉 裕翔《おぐら・ゆうと》
1989.1.13 生
山梨県出身 右投・右打
O型 177cm 67kg
市川高−東京経済大

投手
13
秀義(大竹秀義)《おおたけ・ひでよし》
1988.7.26 生
埼玉県出身 右投・右打
AB型 180cm 77kg
春日部共栄高
3試合 (3回) 0勝0敗0S、防御率6.00

投手
15
三宅 英幸《みやけ・ひでゆき》
1987.12.1 生
中野市出身 左投・左打
A型 177cm 80kg
飯山南高−大東文化大
6試合 (8回2/3) 0勝0敗0S、防御率13.50

投手
16
金村 曉《かねむら・さとる》
1976.4.19 生
宮城県出身 右投・右打
O型 187cm 85kg
仙台育英高−日本ハム−阪神
17試合 (76回) 2勝7敗0S、防御率2.61

投手
17
杉山 慎《すぎやま・しん》
1984.7.14 生
千葉県出身 右投・左打
AB型 183cm 80kg
市立船橋高−日本大−全足利クラブ
26試合 (136回2/3) 11勝4敗1S、奪三振82、防御率3.23

投手
18
給前 信吾《きゅうぜん・しんご》
1985.10.22 生
神奈川県出身 右投・左打
O型 171cm 68kg
横浜商大高
22試合 (125回) 6勝7敗0S、防御率4.10

投手
19
鈴木 幸介《すずき・こうすけ》
1988.7.12 生
東京都出身 右投・右打
O型 180cm 77kg
成立学園高−日本ウェルネススポーツ専門学校
36試合 (46 回1/3) 1勝2敗10S (リーグ3位)、防御率4.08

投手
20
篠田 朗樹《しのだ・はるき》
1988.6.1 生
埼玉県出身 右投・左打
AB型 180cm 84kg
春日部共栄高−武蔵大
36試合 (82回1/3) 3勝1敗5S、防御率2.40

投手
21
佐々木 勝一《ささき・しょういち》
1990.1.16 生
神奈川県出身 右投・右打
O型 180cm 90kg
帝京第三高−ウェルネス彩ベースボールクラブ
8試合 (13回) 0勝0敗0S、防御率2.08

投手
27
雄一郎(藤原雄一郎)《ふじわら・ゆういちろう》
1984.10.18 生
安曇野市出身 左投・左打
A型 173cm 81kg
日本航空高−カリフォルニア州立LA大

投手
32
飯田 達也《いいだ・たつや》
1987.4.25 生
埼玉県出身 右投・右打
AB型 181cm 80kg
越谷西高−大正大
30試合 (78回2/3) 7勝4敗0S、防御率2.63

投手
99
中村 尚史《なかむら・たかふみ》
1988.1.3 生
東京都出身 右投・右打
O型 194cm 90kg
武蔵工大高−中央大−クリーブランド・インディアンス (1A)
32試合(65回1/3) 3勝0敗2S、防御率2.07

捕手
2
米田 光男《よねだ・みつお》
1986.11.29 生
埼玉県出身 右投・右打
A型 175cm 75kg
所沢商業高−日本大−一球幸魂倶楽部
4試合、打率.000

捕手
4
原 大輝《はら・だいき》
1988.6.2 生
広島県出身 右投・右打
A型 174cm 75kg
広島国際学院高−北海道東海大
71試合、打率.309、打点35、盗塁6

捕手
31
坂巻 卓也《さかまき・たくや》
1985.3.24 生
茨城県出身 右投・右打
A型 179cm 88kg
つくば秀英高−中央大−茨城ゴールデンゴールズ
42試合、打率.274、打点12

内野手
3
小林 祐人《こばやし・ゆうと》
1989.10.14 生
山梨県出身 右投・左打
O型 173cm 78kg
埼玉栄高−愛媛MP (四国IL)
24試合、打率.218

内野手
7
松本 匡礼《まつもと・まさひろ》
1986.7.5 生
木曽町出身 右投・右打
O型 168cm 62kg
松商学園高−松本大
72試合、打率.206、打点26、犠打19

内野手
9
ヘルナンデス《ウインシー・ヘルナンデス》
1984.5.30 生
ベネズエラ出身 右投・右打
180cm 76kg
ベネズエラサマーリーグ
47試合、打率.248、打点17、犠打14

内野手
14
ペレス《エドアルド・ペレス》
1984.8.30 生
ベネズエラ出身 右投・両打
185cm 80kg
ロサンゼルス・ドジャース (2A)
70試合、打率.264、本塁打12 (リーグ1位)、打点43

内野手
24
井領 翔馬《いりょう・しょうま》
1991.8.15 生
上松町出身 右投・左打
A型 183cm 83kg
松商学園高
8試合、打率.400

内野手
25
涼賢(新村涼賢)《にいむら・りょうけん》
1992.4.2 生
辰野町出身 右投・左打
A型 171cm 68kg
長野日大高
9試合、打率.000

内野手
33
ダイチ(竹内大地)《たけうち・だいち》
1991.4.25 生
東京都出身 右投・左打
O型 174cm 71kg
東海大相模高
29試合、打率.250

内野手
55
村田 郷《むらた・ごう》
1986.6.6 生
山梨県出身 右投・右打
A型 178cm 90kg
甲府工業高−日本大−ワイテック
34試合、打率.208

外野手
0
今村 亮太《いまむら・りょうた》
1986.5.22 生
飯田市出身 右投・左打
B型 175cm 73kg
佐久長聖高−東京経済大
72試合、打率.328 (リーグ3位)、打点39、盗塁7 ※11シーズンベストナイン

外野手
1
脇田 晃《わきた・ひかる》
1987.11.16 生
和歌山県出身 右投・右打
A型 180cm 80kg
関西創価高−創価大
61試合、打率.259、打点12

外野手
6
板倉 寛樹《いたくら・ひろき》
1990.9.8 生
栃木県出身 右投・左打
AB型 178cm 75kg
佐野日大高
43試合、打率.271

外野手
8
竜太郎(辻 竜太郎)《つじ・りゅうたろう》
1976.6.8 生
大阪府出身 右投・左打
AB型 180cm 78kg
松商学園高−明治大−ヤマハ−オリックス−楽天
61試合、打率.363 (リーグ2位)、本塁打5、打点29 ※6月度リーグ月間MVP

外野手
29
フミヒサ(佐野史学)《さの・ふみひさ》
1985.5.15 生
山梨県出身 左投・左打
B型 171cm 66kg
山梨学院大高−日本大−ワイテック
69試合、打率.309、打点44、盗塁13
※11シーズンベストナイン

外野手
51
根津 和希《ねづ・かずき》
1989.6.8 生
山梨県出身 右投・右打
AB型 173cm 75kg
山梨学院大高−WIEN'94
63試合、打率.245、打点25

投手 (練習生)
23
木村 聡志《きむら・さとし》
1987.6.6 生
広島県出身 右投・両打
AB型 180cm 80kg
近畿大福山高−創価大

外野手 (練習生)
30
保延 優馬《ほのべ・ゆうま》
1990.8.3 生
山梨県出身 左投・左打
A型 173cm 74kg
山梨学院大高

内野手 (練習生)
57
宮澤 和希《みやざわ・かずき》
1992.7.17 生
中野市出身 右投・右打
B型 180cm 76kg
東海大三高

2012 SEASON

監督
89
佐野 嘉幸
さの・よしゆき
1944.4.1 生
山梨県出身　右投・右打
O型 172㎝ 80kg
甲府工業高−東映−南海−広島

総合兼守備走塁コーチ
87
猿渡 寛茂
さるわたり・ひろしげ
1949.4.28 生
福岡県出身　右投・右打
O型 172㎝ 85kg
三池工業高−三菱重工−東映−日拓−日本ハム

投手コーチ
74
吉田 篤史
よしだ・あつし
1970.9.29 生
新潟県出身　右投・右打
A型 177㎝ 90kg
日本文理高−ヤマハ−ロッテ−阪神

コンディショニングコーチ
76
関 賢一
せき・けんいち
1974.9.4 生
山ノ内町出身
A型 169㎝ 65kg
中野高−日本社会体育専門学校

投手
13
秀義(大竹秀義)
おおたけ・ひでよし
1988.7.26 生
埼玉県出身　右投・右打
AB型 180㎝ 82kg
春日部共栄高
34試合(28回2/3) 0勝1敗0S、防御率3.14

投手
15
キロス
キロス・アーロン
1986.11.13 生
ベネズエラ出身　右投・右打
185㎝ 80kg
フィラデルフィアフィリーズ(マイナー)−神戸サンズ
7試合(10回2/3) 0勝0敗0S、防御率0.84

投手
16
有斗(和田有斗)
わだ・あると
1990.1.22 生
埼玉県出身　左投・左打
AB型 182㎝ 86kg
所沢商業高−東京国際大
20試合(20回) 0勝1敗0S、防御率5.40

投手
17
杉山 慎
すぎやま・しん
1984.7.14 生
千葉県出身　右投・右打
AB型 183㎝ 84kg
市立船橋高−日本大−全足利クラブ
23試合(135回2/3) 8勝8敗0S、奪三振81、防御率3.71 ※7月度リーグ月間MVP

投手
18
小川 武志
おがわ・たけゆき
1989.8.18 生
千葉県出身　右投・右打
O型 175㎝ 74kg
拓殖大紅陵高−松本大
15試合(18回) 0勝0敗0S、防御率3.50

投手
19
髙田 周平
たかだ・しゅうへい
1985.6.3 生
兵庫県出身　左投・左打
AB型 179㎝ 78kg
関西創価高−創価大−信濃GS−阪神
28試合(145 回2/3) 8勝9敗0S、防御率2.90

投手
20
篠田 朗樹
しのだ・はるき
1988.6.1 生
埼玉県出身　右投・左打
AB型 188㎝ 88kg
春日部共栄高−武蔵大
41試合(57回2/3) 3勝1敗 18S(リーグ1位)、防御率1.25(リーグ1位)

投手
21
佐々木 勝一
ささき・しょういち
1990.1.16 生
神奈川県出身　右投・右打
O型 180㎝ 96kg
帝京第三高−ウェルネス彩ベースボールクラブ
4試合(4回) 0勝0敗0S、防御率13.50

投手
23
知成(関 知成)
せき・ともなり
1989.6.29 生
新潟県出身　右投・右打
A型 180㎝ 80kg
新潟明訓高−武蔵大
10試合(14回) 1勝0敗0S、防御率5.14

投手
32
飯田 達也
いいだ・たつや
1987.4.25 生
埼玉県出身　右投・右打
AB型 181㎝ 77kg
越谷西高−大正大
34試合(101回1/3) 8勝6敗0S、防御率4.09

投手
99
カルロス
カルロス・テラン
1990.3.18 生
ベネズエラ出身　右投・右打
A型 188㎝ 90kg
イタリアプロリーグ ほか
25試合(98回) 7勝9敗0S、防御率3.67

捕手
2
米田 光男
よねだ・みつお
1986.11.29 生
埼玉県出身　右投・右打
A型 175㎝ 76kg
所沢商業高−日本大−一球幸魂倶楽部
5試合、打率.250

捕手
4
原 大輝
はら・だいき
1988.6.2 生
広島県出身　右投・右打
A型 173㎝ 76kg
広島国際学院高−北海道東海大
72試合、打率.297、打点33、盗塁7
※6月度リーグ月間MVP

捕手
31
坂巻 卓也
さかまき・たくや
1985.3.24 生
茨城県出身　右投・右打
A型 179㎝ 85kg
つくば秀英高−中央大−茨城ゴールデンゴールズ
45試合、打率.211、本塁打4、打点16

内野手
5
涼賢(新村涼賢)
にいむら・りょうけん
1992.4.2 生
辰野町出身　右投・左打
A型 171㎝ 72kg
長野日大高
57試合、打率.160

内野手
7
松本 匡礼
まつもと・まさひろ
1986.7.5 生
木曽町出身　右投・右打
O型 167㎝ 66kg
松商学園高−松本大
65試合、打率.234、打点27、盗塁6

内野手
9
宮澤 和希
みやざわ・かずき
1992.7.17 生
中野市出身　右投・右打
B型 180㎝ 84kg
東海大三高
38試合、打率.255、打点14
※9月度リーグ月間MVP

内野手
14
マルコス
マルコス・ベキオナチ
1986.8.7 生
ベネズエラ出身　右投・両打
O型 184㎝ 95kg
阪神
68試合、打率.256、本塁打6、打点45

内野手
24
井領 翔馬
いりょう・しょうま
1991.8.15 生
上松町出身　右投・左打
A型 184㎝ 85kg
松商学園高
31試合、打点10、打率.276

内野手
33
ダイチ(竹内大地)
たけうち・だいち
1991.4.25 生
東京都出身　右投・左打
O型 174㎝ 71kg
東海大相模高
44試合、打率.262、盗塁8

内野手
51
ハヤト(古市隼人)
ふるいち・はやと
1987.6.25 生
東京都出身　右投・右打
B型 169㎝ 77kg
浦和学院高−サウザンリーフ市原−新潟アルビレックスBC(BCL)
68試合、打率.242、打点15、犠打18

外野手
0
今村 亮太
いまむら・りょうた
1986.5.22 生
飯田市出身　右投・左打
B型 175㎝ 71kg
佐久長聖高−東京経済大
72試合、打率.281、打点36、犠打10

外野手
1
大平 成一
おおひら・せいいち
1989.4.8 生
長崎県出身　右投・左打
A型 185㎝ 88kg
波佐見高−日本ハム
72試合、打率.261、本塁打9(リーグ1位)、打点36

外野手
3
大谷 尚徳
おおたに・ひさのり
1986.1.2 生
神奈川県出身　右投・右打
A型 182㎝ 81kg
世田谷学園高−立正大−フェデックス−群馬DP(BCL)
63試合、打率.271、打点22

外野手
6
板倉 寛樹
いたくら・ひろき
1990.9.8 生
栃木県出身　右投・左打
AB型 179㎝ 78kg
佐野日大高
2試合、打率.000

外野手
8
竜太郎(辻 竜太郎)
つじ・りゅうたろう
1976.6.8 生
大阪府出身　右投・左打
AB型 180㎝ 83kg
松商学園高−明治大−ヤマハ−オリックス−楽天
50試合、打率.270、打点20

外野手
30
保延 優馬
ほのべ・ゆうま
1990.8.3 生
山梨県出身　左投・左打
A型 173㎝ 77kg
山梨学院大高
16試合、打率.148

投手(練習生)
11
小倉 裕翔
おぐら・ゆうと
1989.1.13 生
山梨県出身　右投・右打
O型 177㎝ 67kg
市川高−東京経済大

外野手(練習生)
藤咲 敏輝
ふじさく・としてる
1988 生
東京都出身
リバーサイド大(米国)

2013 SEASON

監督
80
岡本 哲司
おかもと・てつじ
1961.3.15 生
和歌山県出身 右投・右打
A型 179cm 93kg
吉備高－神戸製鋼－大洋－日本ハム

投手コーチ
88
田中 幸雄
たなか・ゆきお
1959.2.27 生
千葉県出身 右投・右打
AB型 190cm 86kg
流山高－電電関東－日本ハム－中日

プレーイングコーチ(打撃)
8
竜太郎(辻 竜太郎)
つじ・りゅうたろう
1976.6.8 生
大阪府出身 右投・左打
AB型 180cm 78kg
松商学園高－明治大－ヤマハ－オリックス－楽天
70試合、打率.320、打点29

プレーイングコーチ(守備走塁)
6
渡辺 正人
わたなべ・まさと
1979.4.3 生
大阪府出身 右投・右打
B型 183cm 80kg
上宮高－千葉ロッテ
57試合、打率.279、打点20

コンディショニングコーチ
76
関 賢一
せき・けんいち
1974.9.4 生
山ノ内町出身
A型 169cm 65kg
中野高－日本社会体育専門学校

投手
11
大塚 晶文
おおつか・あきのり
1972.1.13 生
千葉県出身 右投・右打
AB型 182cm 95kg
横芝敬愛高－東海大－日本通運－近鉄－中日－パドレス－レンジャーズ

投手
15
柴田 健斗
しばた・けんと
1989.2.8 生
愛知県出身 右投・右打
O型 175cm 82kg
中京大付属中京高－中京大－エディオンブリッツ
35試合(54回2/3) 0勝2敗0S、防御率2.63

投手
16
有斗(和田有斗)
わだ・あると
1990.1.22 生
埼玉県出身 左投・左打
AB型 182cm 84kg
所沢商業高－東京国際大
21試合(116回1/3) 9勝7敗0S、奪三振91、防御率2.63

投手
17
杉山 慎
すぎやま・しん
1984.7.14 生
千葉県出身 右投・左打
AB型 183cm 84kg
市立船橋高－日本大－全足利クラブ
28試合(107回) 9勝6敗0S、奪三振81、防御率3.87

投手
18
小川 武志
おがわ・たけゆき
1989.8.18 生
千葉県出身 右投・右打
O型 175cm 75kg
拓殖大紅陵高－松本大
14試合(22回2/3) 0勝0敗1S、防御率5.16

投手
19
甲斐 拓哉
かい・たくや
1990.12.18 生
松本市出身 右投・右打
O型 183cm 80kg
東海大三高－オリックス
19試合(83回2/3) 4勝7敗0S、防御率3.01

投手
20
篠田 朗樹
しのだ・はるき
1988.6.1 生
埼玉県出身 右投・左打
AB型 180cm 90kg
春日部共栄高－武蔵大
39試合(42回) 1勝2敗19S(リーグ1位)、防御率3.21

投手
21
ブルックス
ブルックス・ベルター
1988.4.17 生
アメリカ出身 右投・右打
185cm 93kg
タンパベイ・マイナー(1A)
5試合(12回) 0勝0敗0S、防御率3.00

投手
23
知成(関 知成)
せき・ともなり
1989.6.29 生
新潟県出身 右投・右打
A型 180cm 82kg
新潟明訓高－武蔵大
17試合(63回) 5勝2敗0S、防御率4.14

投手
32
米倉 史也
よねくら・ふみや
1995.3.5 生
松本市出身 左投・左打
A型 181cm 84kg
岐阜中京高
1試合(2回) 0勝0敗0S、防御率18.00

投手
74
ポリン
ポリン・トリニダード
1984.11.19 生
ドミニカ出身 左投・左打
192cm 88kg
カブス(3A) ほか
23試合(37回2/3) 0勝5敗0S、防御率4.54

投手
87
ブランドン
ブランドン・マン
1984.5.16 生
アメリカ出身 左投・左打
188cm 93kg
デビルレイズ(2A) ほか－横浜DeNA
30試合(72回1/3) 1勝9敗0S、防御率4.73

投手
98
サミー
サムエル・ヘルパシオ
1985.1.10 生
ドミニカ出身 右投・右打
182cm 79kg
アストロズ(メジャー -2A-3A)－メキシカンリーグ
14試合(14回2/3) 2勝0敗0S、防御率2.45

投手
99
カルロス
カルロス・テラン
1990.3.18 生
ベネズエラ出身 右投・右打
A型 188cm 90kg
イタリアプロリーグ ほか

捕手
14
直樹(岡本直樹)
おかもと・なおき
1990.1.23 生
千葉県出身 右投・右打
A型 179cm 95kg
桜林高
5試合、打率.143

捕手
51
尾中 智哉
おなか・ともや
1987.12.11 生
北海道出身 右投・右打
O型 176cm 87kg
北見緑陵高－北翔大－福井ME(BCL)
72試合、打率.226、打点26

捕手
89
トラビス
トラビス・ヒッグス
1988.9.6 生
アメリカ出身 右投・右打
188cm 100kg
マリナーズ・ルーキーリーグ
24試合、打率.077

内野手
0
宮﨑 卓理
みやざき・たくり
1990.4.30 生
群馬県出身 右投・右打
B型 170cm 68kg
日本ウェルネス高－日本ウェルネススポーツ専門学校
10試合、打率.067

内野手
4
仁藤 敬太
にとう・けいた
1990.11.12 生
静岡県出身 右投・左打
B型 168cm 75kg
常葉学園橘高－専修大
40試合、打率.237

内野手
5
涼賢(新村涼賢)
にいむら・りょうけん
1992.4.2 生
辰野町出身 右投・左打
A型 171cm 72kg
長野日大高
56試合、打率.180、打点11、盗塁13

内野手
7
隆宏(鈴木隆宏)
すずき・たかひろ
1990.10.15 生
神奈川県出身 右投・右打
A型 172cm 67kg
磯子高－日本ウェルネススポーツ専門学校
7試合、打率.167

内野手
13
西田 崇晃
にしだ・たかあき
1991.5.21 生
大阪府出身 右投・右打
O型 171cm 72kg
神港学園高－大和侍レッズ－紀州レンジャーズ
29試合、打率.216

内野手
24
井領 翔馬
いりょう・しょうま
1991.8.15 生
上松町出身 右投・左打
A型 183cm 85kg
松商学園高
59試合、打点16、打率.202

内野手
27
レイ
レイモンド・セラーノ
1981.1.19 生
プエルトリコ出身 右投・右打
175cm 100kg
ブレーブス傘下(ルーキーリーグ-3A)－米独立リーグ
13試合、打率.234

内野手
30
浜咲 祐大
はまさき・ゆうだい
1989.8.12 生
広島県出身 右投・右打
180cm 87kg
明誠高－駒沢大－愛媛MP(四国IL)
4試合、打率.000

内野手
31
グレン
グレン・ウォーカー
1990.9.16 生
アメリカ出身 右投・右打
183cm 77kg
ハワイスターズ
18試合、打率.234

内野手
33
ダイチ(竹内大地)
たけうち・だいち
1991.4.25 生
東京都出身 右投・左打
O型 174cm 70kg
東海大相模高
67試合、打率.236、打点16、犠打13、盗塁10

外野手
00
内之倉 敦士
うちのくら・あつし
1989.6.27 生
奈良県出身 右投・左打
B型 176cm 72kg
智辯学園高－紀州レンジャーズ
9試合、打率.200

外野手
1
大平 成一
おおひら・せいいち
1989.4.8 生
長崎県出身 右投・左打
A型 185cm 88kg
波佐見高－日本ハム
72試合、打率.248、本塁打7、打点39

外野手
2
川口 圭大
かわぐち・よしひろ
1990.10.21 生
神奈川県出身 右投・左打
AB型 170cm 72kg
松商学園高－玉川大
67試合、打率.228、打点16、犠打10、盗塁14

外野手
3
大谷 尚徳
おおたに・ひさのり
1986.1.2 生
神奈川県出身 右投・右打
A型 182cm 82kg
世田谷学園高－立正大－フェデックス－群馬DP(BCL)
30試合、打率.276

外野手
9
宮澤 和希
みやざわ・かずき
1992.7.17 生
中野市出身 右投・右打
B型 180cm 84kg
東海大三高
41試合、打率.252、打点22

内野手(練習生)
55
平田 光翼
ひらた・こうすけ
1994.5.15 生
福岡県出身 左投・左打
O型 178cm 110kg
藤蔭高

内野手(練習生)
29
田村 駿
たむら・しゅん
1994.8.10 生
山ノ内町出身 右投・左打
A型 165cm 58kg
飯山高

2007
2008
2009
2010
2011
2012
2013
2014
2015
2016
2017

2014
SEASON

監督
11
大塚 晶文
おおつか・あきのり
1972.1.13 生
千葉県出身　右投・右打
AB型 182㎝ 93kg
横芝敬愛高ー東海大ー日本通運ー近鉄ー中日ーパドレスーレンジャーズ
1試合(0回1/3) 0勝0敗0S、防御率0.00

プレーイングコーチ(投手)
41
小林 宏之
こばやし・ひろゆき
1978.6.4 生
埼玉県出身　右投・右打
O型 183㎝ 79kg
春日部共栄高ーロッテー阪神ー群馬DP (BCL)
26試合 (29回2/3) 2勝1敗1S、防御率1.26

プレーイングコーチ(打撃)
8
竜太郎 (辻 竜太郎)
つじ・りゅうたろう
1976.6.8 生
大阪府出身　右投・左打
AB型 180㎝ 80kg
松商学園高ー明治大ーヤマハーオリックスー楽天
63試合、打率.261、打点24
※7月度リーグ月間MVP

プレーイングコーチ(守備走塁)
6
渡辺 正人
わたなべ・まさと
1979.4.3 生
大阪府出身　右投・右打
B型 183㎝ 85kg
上宮高ーロッテ
26試合、打率.250

コンディショニングコーチ
72
片田 敬太郎
かただ・けいたろう
1979.7.11 生
神奈川県出身
O型 172㎝ 74kg
拓殖大紅陵高ー東都リハビリテーション学院ー石川MS (BCL) ー横浜DeNA

投手
15
門中 聡
かどなか・さとし
1989.4.4 生
島根県出身　右投・右打
O型 175㎝ 76kg
松江商業高ー鳥取キタロウズー兵庫ブルーサンダーズ
20試合(56回) 1勝2敗0S、防御率4.34

投手
16
有斗 (和田有斗)
わだ・あると
1990.1.22 生
埼玉県出身　左投・左打
AB型 182㎝ 84kg
所沢商業高ー東京国際大
14試合 (70回1/3) 6勝2敗0S、防御率3.97

投手
17
井坂 肇
いさか・はじめ
1990.4.4 生
東京都出身　右投・右打
B型 182㎝ 88kg
日比谷高ー東京大
1試合 (1回1/3) 0勝1敗0S、防御率20.25

投手
18
小川 武志
おがわ・たけゆき
1989.8.18 生
千葉県出身　右投・右打
O型 175㎝ 77kg
拓殖大紅陵高ー松本大
35試合 (66回) 3勝5敗0S、防御率5.59

投手
19
甲斐 拓哉
かい・たくや
1990.12.18 生
松本市出身　右投・右打
O型 183㎝ 85kg
東海大三高ーオリックス
23試合 (52回1/3) 2勝4敗0S、防御率6.19

投手
20
篠田 朗樹
しのだ・はるき
1988.6.1 生
埼玉県出身　右投・左打
AB型 180㎝ 91kg
春日部共栄高ー武蔵大
41試合 (45回) 1勝2敗13S (リーグ2位)、防御率2.40

投手
21
東風平 光一
こちんだ・こういち
1991.1.26 生
埼玉県出身　右投・右打
O型 174㎝ 75kg
武蔵越生高ー大正大ー群馬DP (BCL)
10試合 (15回1/3) 0勝0敗0S、防御率8.22

投手
23
知成 (関 知成)
せき・ともなり
1989.6.29 生
新潟県出身　右投・右打
A型 180㎝ 85kg
新潟明訓高ー武蔵大
18試合 (63回1/3) 2勝5敗0S、防御率6.39

投手
30
伊藤 一
いとう・はじめ
1995.6.29 生
諏訪市出身　右投・右打
O型 186㎝ 84kg
富士見高
3試合 (5回1/3) 0勝0敗0S、防御率8.44

投手
66
トーリン
トーリン・シャイク
1991.8.13 生
アメリカ出身 右投・右打
193㎝ 97kg
米サマーリーグ
4試合 (18回2/3) 0勝1敗0S、防御率5.09

投手
74
杉山 慎
すぎやま・しん
1984.7.14 生
千葉県出身　右投・左打
AB型 183㎝ 90kg
市立船橋高ー日本大ー全足利クラブ
29試合 (115回2/3) 9勝6敗0S、奪三振90、防御率2.90 ※7月度リーグ月間MVP

投手
77
ロドリゲス
オズワルド・ロドリゲス
1984.6.10 生
ドミニカ出身　右投・両打
178㎝ 88kg
ドジャース (2A) ージャイアンツ (1A) ーナショナルズ (2A) ー米独立リーグ
11試合 (29回1/3) 0勝2敗0S、防御率3.38

投手
88
ルーク
ルーク・グッジン
1989.7.8 生
アメリカ出身　左投・左打
193㎝ 100kg
レイズ (ルーキーリーグ) ー米独立リーグ
5試合 (31回) 1勝2敗0S、防御率4.94

投手
99
マイケル
マイケル・ジョイス
1985.1.7 生
アメリカ出身　左投・左打
186㎝ 90kg
米独立リーグ
33試合 (33回2/3) 2勝0敗0S、防御率2.48

捕手
14
笹平 拓己
ささひら・たくみ
1989.1.14 生
鹿児島県出身 右投・左打
B型 173㎝ 70kg
神村学園高ー履正社医療スポーツ専門学校ー大阪ゴールドビリケーンズー愛媛MP (四国IL) ー06ブルズ　35試合、打率.181

捕手
51
尾中 智哉
おなか・ともや
1987.12.11 生
北海道出身　右投・右打
O型 175㎝ 85kg
北見緑陵高ー北翔大ーSフォークD21 (軟式) ー福井ME (BCL)
60試合、打率.287、打点23

内野手
4
仁藤 敬太
にとう・けいた
1990.11.12 生
静岡県出身　右投・左打
B型 168㎝ 75kg
常葉学園橘高ー専修大
58試合、打率.252、打点15

内野手
5
涼賢 (新村涼賢)
にいむら・りょうけん
1992.4.2 生
辰野町出身　右投・左打
A型 172㎝ 71kg
長野日大高
38試合、打率.253

内野手
13
西田 崇晃
にしだ・たかあき
1991.5.21 生
大阪府出身　右投・右打
O型 171㎝ 74kg
神港学園高ー大和侍レッズー紀州レンジャーズ
72試合、打率.259、打点22、犠打11

内野手
24
井領 翔馬
いりょう・しょうま
1991.8.15 生
上松町出身　右投・左打
A型 184㎝ 88kg
松商学園高
19試合、打率.125

内野手
33
ダイチ (竹内大地)
たけうち・だいち
1991.4.25 生
東京都出身　右投・左打
O型 174㎝ 76kg
東海大相模高
63試合、打率.288、打点20、盗塁16

内野手
44
一平 (美濃一平)
みの・いっぺい
1989.8.15 生
奈良県出身　右投・右打
O型 176㎝ 90kg
酒田南高ー大阪産業大付属高ー履正社医療スポーツ専門学校ー三重スリーアローズー大和侍レッズー兵庫ブルーサンダーズ 6試合、打率.000

内野手
55
平田 光翼
ひらた・こうすけ
1994.5.15 生
福岡県出身　左投・左打
O型 178㎝ 110kg
藤蔭高
3試合、打率.222

外野手
0
渡嘉敷 貴彦
とかしき・たかひこ
1988.6.18 生
沖縄県出身　右投・左打
B型 174㎝ 72kg
中部商業高ー帝京大ービッグ開発ベースボールクラブ
59試合、打率.326、打点16、盗塁24

外野手
1
大平 成一
おおひら・せいいち
1989.4.8 生
長崎県出身　右投・左打
A型 185㎝ 86kg
波佐見高ー日本ハム
72試合、打率.297、打点40

外野手
2
川口 圭大
かわぐち・よしひろ
1990.10.21 生
神奈川県出身　右投・左打
AB型 170㎝ 72kg
松商学園高ー玉川大
67試合、打率.207、打点14

外野手
3
大谷 尚徳
おおたに・ひさのり
1986.1.2 生
神奈川県出身　右投・右打
A型 182㎝ 83kg
世田谷学園高ー立正大ーフェデックスー群馬DP (BCL)
26試合、打率.212

外野手
9
宮澤 和希
みやざわ・かずき
1992.7.17 生
中野市出身　右投・右打
B型 180㎝ 88kg
東海大三高
38試合、打率.333

外野手
31
中畑 瑛寛
なかはた・あきひろ
1989.8.27 生
兵庫県出身　右投・左打
B型 180㎝ 86kg
桐蔭学園高ー松本大ー信越硬式野球クラブ
26試合、打率.265

外野手
80
バルデス
ヘサス・バルデス
1984.11.2 生
ドミニカ出身　右投・右打
89㎝ 110kg
カブス (マイナー) ー石川MS (BCL)
69試合、打率.307、本塁打20 (リーグ2位)、打点73 (リーグ2位)

外野手
87
三家 和真
みけ・かずま
1993.8.13 生
和歌山県出身　右投・両打
B型 180㎝ 77kg
市立和歌山高ー広島カープ
52試合、打率.083

内野手 (練習生)
29
田村 駿
たむら・しゅん
1994.8.10 生
山ノ内町出身　右投・左打
A型 165㎝ 61kg
飯山高

内野手 (練習生)
98
市川 将汰
いちかわ・しょうた
1994.11.16 生
東京都出身　右投・右打
B型 184㎝ 80kg
柏日体高

2007
2008
2009
2010
2011
2012
2013
2014
2015
2016
2017

2015
SEASON

監督
81
岡本 克道
おかもと・かつのり
1973.6.9 生
大阪府出身 右投・右打
O型 177㎝ 90kg
柳ケ浦高−東芝−
ダイエー(ソフトバンク)−長崎セインツー
香川オリーブガイナーズ−横浜DeNA

プレーイングコーチ
(総合コーチ)
6
髙橋 信二
たかはし・しんじ
1978.8.7 生
岡山県出身 右投・右打
A型 182㎝ 89kg
津山工業高−日本ハム−巨人−オリックス
3試合、打率.000
※8月18日より監督代行

守備走塁
コーチ
76
松井 宏次
まつい・こうじ
1984.12.2 生
静岡県出身 右投・右打
A型 174㎝ 70kg
磐田農業高−東海大−きらやか銀行−
NAGOYA23−長崎セインツー
楽天−富山TB(BCL)

コンディショニングコーチ
72
片田 敬太郎
かただ・けいたろう
1979.7.11 生
神奈川県出身 右投・右打
O型 172㎝ 74kg
拓殖大紅陵高−東都リハビリテーション学院−
石川MS(BCL)−横浜DeNA

投手
14
齋藤 研志郎
さいとう・けんしろう
1990.4.2 生
岩手県出身 右投・右打
O型 180㎝ 83kg
花巻東高−道都大−トヨタ自動車東日本
19試合(54回) 3勝4敗0S、防御率5.33

投手
15
門中 聡
かどなか・さとし
1989.4.4 生
鳥取県出身 右投・右打 O型 175㎝ 80kg
松江商業高−鳥取キタロウズ−
兵庫ブルーサンダーズ
17試合(91回1/3) 6勝5敗0S、防御率3.74

投手
16
有斗(和田有斗)
わだ・あると
1990.1.22 生
埼玉県出身 左投・左打 AB型 182㎝ 85kg
所沢商業高−東京国際大
19試合(109回2/3) 6勝4敗0S、
奪三振83、防御率3.61

投手
17
井坂 肇
いさか・はじめ
1990.4.4 生
東京都出身 右投・右打
B型 182㎝ 85kg
日比谷高−東京大
2試合(3回) 0勝1敗0S、防御率9.00

投手
18
小川 武志
おがわ・たけゆき
1989.8.18 生
千葉県出身 右投・右打
O型 175㎝ 80kg
拓殖大紅陵高−松本大
26試合(37回2/3) 3勝3敗2S、防御率3.58

投手
19
甲斐 拓哉
かい・たくや
1990.12.18 生
松本市出身 右投・右打
O型 183㎝ 85kg
東海大三高−オリックス
35試合(43回) 1勝3敗3S、防御率3.77

投手
20
濱田 俊之
はまだ・としゆき
1992.7.2 生
神奈川県出身 右投・右打
AB型 175㎝ 82kg
川崎北高−愛媛MP(四国IL)−兵庫ブルーサンダーズ
17試合(34回2/3) 0勝4敗0S、防御率8.57

投手
21
吉澤 悠飛
よしざわ・ゆうひ
1993.2.17 生
栃木県出身 右投・右打
A型 180㎝ 72kg
今市工業高−作新学院大
2試合(1回) 0勝0敗0S、防御率36.00

投手
23
中根 龍也
なかね・りゅうや
1992.6.13 生
神奈川県出身 左投・左打
O型 181㎝ 78kg
山梨学院大高−清和大
47試合(38回1/3) 2勝3敗0S、防御率3.29

投手
30
伊藤 一
いとう・はじめ
1995.6.29 生
諏訪市出身 右投・右打
O型 184㎝ 90kg
富士見高
34試合(36回2/3) 0勝3敗0S、防御率5.15

投手
41
坂口 信彦
さかぐち・のぶひこ
1992.8.7 生
大阪府出身 右投・右打
O型 186㎝ 87kg
創造学園大高−創価大
13試合(15回1/3) 0勝0敗0S、防御率2.35

投手
44
ケサダ
ラダハム・ケサダ
1990.7.6 生
ドミニカ出身 右投・右打
188㎝ 96kg
シンシナティ・レッズ(2A)
4試合(2回) 0勝0敗0S、防御率13.50

投手
48
リリアーノ
ペドロ・リリアーノ
1980.10.23 生
ドミニカ出身 右投・右打 187㎝ 92kg
ブルワーズ(MLB)−フィリーズ(MLB)−
ジャイアンツ(3A)−エンゼルス(3A) ほか
20試合(116回1/3) 7勝6敗0S、奪三振89、防御率3.48

投手
74
高野 一哉
たかの・かずや
1992.11.10 生
熊本県出身 右投・右打
O型 185㎝ 83kg
文徳高−ドジャース(ルーキーリーグ)
12試合(10回2/3) 0勝0敗0S、防御率5.06

投手
80
ジオ
ジャンカルロ・アルバラード
1978.1.24 生
プエルトリコ出身 右投・右打
193㎝ 96kg
広島−横浜DeNA
16試合(16回1/3) 0勝0敗2S、防御率0.00

投手
88
名取 泰誠
なとり・たいせい
1997.3.15 生
茅野市出身 左投・左打
A型 176㎝ 65kg
東海大三高
15試合(13回2/3) 1勝0敗0S、防御率0.66

捕手
3
久保田 勇眞
くぼた・ゆうま
1992.11.4 生
東京都出身 右投・右打
A型 176㎝ 83kg
日生学園第二高−千葉経済大
13試合、打率.188

捕手
24
柴田 悠介
しばた・ゆうすけ
1991.4.4 生
愛知県出身 右投・右打
O型 173㎝ 74kg
中京大中京高−明治大−静岡ガス
61試合、打率.291、打点27

捕手
51
尾中 智哉
おなか・ともや
1987.12.11 生
北海道出身 右投・右打
O型 176㎝ 85kg
北見緑陵高−北翔大−Sフォークロ21−福井ME(BCL)
41試合、打率.353、打点19

内野手
4
市川 将汰
いちかわ・しょうた
1994.11.16 生
東京都出身 右投・右打
B型 184㎝ 80kg
柏日体高
33試合、打率.275

内野手
5
涼賢(新村涼賢)
にいむら・りょうけん
1992.4.2 生
辰野町出身 右投・左打
A型 172㎝ 73kg
長野日大高
56試合、打率.338、打点15

内野手
13
西田 崇晃
にしだ・たかあき
1991.5.21 生
大阪府出身 右投・右打
O型 172㎝ 76kg
神港学園高−大和侍レッズ−紀州レンジャーズ
69試合、打率.264、打点26、盗塁19

内野手
33
ダイチ(竹内大地)
たけうち・だいち
1991.4.25 生
東京都出身 右投・左打
O型 174㎝ 75kg
東海大相模高
52試合、打率.238、打点13

内野手
55
平田 光翼
ひらた・こうすけ
1994.5.15 生
福岡県出身 左投・左打
O型 178㎝ 110kg
65試合、打率.298、打点23

外野手
0
渡嘉敷 貴彦
とかしき・たかひこ
1988.6.18 生
沖縄県出身 右投・左打
B型 175㎝ 74kg
中部商業高−帝京大−ビッグ開発ベースボールクラブ
72試合、打率.267、打点17、盗塁24

外野手
1
大平 成一
おおひら・せいいち
1989.4.8 生
長崎県出身 右投・左打
A型 186㎝ 88kg
波佐見高−日本ハム
68試合、打率.251、本塁打9、打点40

外野手
2
川口 圭大
かわぐち・よしひろ
1990.10.21 生
神奈川県出身 右投・左打
AB型 170㎝ 72kg
松商学園高−玉川大
56試合、打率.244、打点17

外野手
7
永冨 翔太
ながとみ・しょうた
1993.10.28 生
山梨県出身 左投・左打
B型 173㎝ 69kg
日大明誠高
56試合、打率.208、打点18

外野手
9
宮澤 和希
みやざわ・かずき
1992.7.17 生
中野市出身 右投・右打
B型 180㎝ 82kg
東海大三高
66試合、打率.284、打点23

外野手
31
中畑 瑛寛
なかはた・あきひろ
1989.8.27 生
兵庫県出身 右投・左打
B型 180㎝ 85kg
桐蔭学園高−松本大−信越硬式野球クラブ
12試合、打率.238

外野手
66
レイエス
ラウール・レイエス
1986.12.30 生
ドミニカ出身 左投・左打 183㎝ 90kg
メッツ(1A〜3A)−ドミニカウインターリーグ−
コロンビアウインターリーグ ほか
68試合、打率.306、本塁打13(リーグ1位)、打点52

内野手(練習生)
29
田村 駿
たむら・しゅん
1994.8.10 生
山ノ内町出身 右投・左打
AB型 168㎝ 64kg
飯山高

投手(練習生)
77
高井ジュリアン
たかい・じゅりあん
1996.11.15 生
南箕輪村出身 右投・左打
O型 175㎝ 78kg
東海大三高

内野手(練習生)
99
保科 大樹
ほしな・だいき
1996.5.20 生
茅野市出身 右投・右打
A型 175㎝ 70kg
岡谷工業高

外野手(練習生)
44
金田 博士
かねだ・ひろひと
1990.4.3 生
大阪府出身 右投・左打
A型 176㎝ 93kg
近畿大高−奈良産業大−
NOMOベースボールクラブ

2016
SEASON

監督
78
本西 厚博《もとにし・あつひろ》
1962.5.15 生
長崎県出身　右投・右打
AB型 174cm 85kg
瓊浦高−三菱重工長崎−阪急−
オリックス−阪神−日ハム−ロッテ

投手コーチ
77
有銘 兼久《ありめ・かねひさ》
1978.9.27 生
沖縄県出身　左投・左打
B型 180cm 82kg
浦添商業高−大仙−
九州三菱自動車工業−近鉄−楽天

プレーイングコーチ
(守備走塁／内野手)
76
松井 宏次《まつい・こうじ》
1984.12.2 生
静岡県出身　右投・右打
A型 174cm 70kg
磐田農業高−東海大−きらやか銀行−
NAGOYA23−長崎セインツ−楽天−
富山TB (BCL)
2試合、打率.000

投手
13
名取 泰誠《なとり・たいせい》
1997.3.15 生
茅野市出身　左投・左打
A型 176cm 70kg
東海大三高
19試合 (21回) 0勝1敗0S、
防御率3.43

投手
14
齋藤 研志郎《さいとう・けんしろう》
1990.4.2 生
岩手県出身　右投・右打
O型 182cm 87kg
花巻東高−道都大−トヨタ自動車東日本
38試合 (48回2/3) 3勝6敗6S、
防御率3.14

投手
15
門中 聡《かどなか・さとし》
1989.4.4 生
島根県出身　右投・右打
O型 175cm 80kg
松江商業高−鳥取キタロウズ−兵庫ブルーサンダーズ
22試合 (140回) 11勝 (リーグ2位)
5敗0S、奪三振92、防御率3.60
※6月度リーグ月間MVP

投手
16
有斗(和田有斗)《わだ・あると》
1990.1.22 生
埼玉県出身　左投・左打
AB型 182cm 85kg
所沢商業高−東京国際大
22試合 (152回) 7勝5敗0S、
奪三振113 (リーグ2位)、防御率3.14

投手
17
渡部 広大《わたなべ・こうだい》
1992.12.2 生
東京都出身　右投・右打
B型 182cm 82kg
堀越高−道都大−兵庫ブルーサンダーズ
12試合 (23回) 0勝1敗0S、
防御率4.70

投手
18
高井ジュリアン《たかい・じゅりあん》
1996.11.15 生
南箕輪村出身　右投・左打
O型 177cm 83kg
東海大三高
4試合 (14回2/3) 0勝2敗0S、
防御率6.14

投手
19
先生 優成《せんじょう・ゆうせい》
1993.9.25 生
静岡県出身　右投・右打
O型 182cm 80kg
相良高−平成国際大
9試合 (15回) 0勝2敗0S、
防御率6.60

投手
20
笠井 崇正《かさい・たかまさ》
1994.8.7 生
北海道出身　右投・右打
B型 179cm 92kg
旭川西高−早稲田大
35試合 (37回) 3勝1敗1S、
防御率2.43

投手
23
中根 龍也《なかね・りゅうや》
1992.6.13 生
神奈川県出身　左投・左打
O型 181cm 80kg
山梨学院大高−清和大
19試合 (11回2/3) 0勝1敗0S、
防御率6.94

投手
30
伊藤 一《いとう・はじめ》
1995.6.29 生
諏訪市出身　右投・右打
O型 185cm 85kg
富士見高
1試合 (1回) 0勝0敗0S、
防御率27.00

投手
41
中村 雅志《なかむら・まさし》
1993.6.3 生
栃木県出身　右投・右打
B型 184cm 81kg
佐野日大高−作新学院大
12試合 (17回2/3) 0勝0敗0S、
防御率3.57

投手
48
ルイス《ジョシュ・ルイス》
1991.5.25 生
アメリカ出身　右投・左打
190cm 77kg
11試合 (52回1/3) 1勝5敗0S、
防御率4.82

投手
55
ロン(張竣龍)《チャン・チュンロン》
1993.5.20 生
台湾出身　右投・右打
B型 176cm 88kg
国立体大−台東紅珊瑚 (台湾)
12試合 (21回1/3) 1勝1敗0S、
防御率2.95

投手
74
モンテーロ《モンテーロ・ジョアン・ダニエル》
1988.10.26 生
ドミニカ出身　右投・右打
O型 184cm 95kg
パイレーツ(2A)−米独立リーグ ほか
31試合 (67回2/3) 5勝5敗1S、
防御率2.79 ※9月度リーグ月間MVP

捕手
3
久保田 勇眞《くぼた・ゆうま》
1992.11.4 生
東京都出身　右投・右打
A型 176cm 86kg
日生学園第二高−千葉経済大
27試合、打率.216

捕手
21
ユウスケ(西田勇介)《にしだ・ゆうすけ》
1993.8.23 生
埼玉県出身　右投・右打
A型 175cm 80kg
川越工業高−日本工業大
10試合、打率.273

捕手
24
柴田 悠介《しばた・ゆうすけ》
1991.4.4 生
愛知県出身　右投・右打
O型 174cm 79kg
中京大中京高−明治大−静岡ガス
71試合、打率.290、打点21、
犠打13

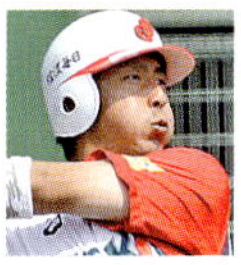
内野手
1
大平 成一《おおひら・せいいち》
1989.4.8 生
長崎県出身　右投・左打
A型 185cm 88kg
波佐見高−日本ハム
71試合、打率.335、本塁打8、
打点41 ※9月度リーグ月間MVP

内野手
2
西田 崇晃《にしだ・たかあき》
1991.5.21 生
大阪府出身　右投・右打
O型 172cm 77kg
神港学園高−大和侍レッズ−
紀州レンジャーズ
71試合、打率.280、打点33、犠打12

内野手
4
市川 将汰《いちかわ・しょうた》
1994.11.16 生
東京都出身　右投・右打
B型 184cm 82kg
柏日体高
3試合、打率.000

内野手
5
新村 涼賢《にいむら・りょうけん》
1992.4.2 生
辰野町出身　右投・左打
A型 172cm 71kg
長野日大高
71試合、打率.242、打点25、
盗塁19

内野手
6
西野 颯《にしの・はやて》
1992.4.16 生
滋賀県出身　右投・左打
O型 182cm 90kg
北大津高−大阪産業大−
兵庫ブルーサンダーズ
64試合、打率.236、打点18

内野手
31
高橋 秀明《たかはし・ひであき》
1996.1.11 生
石川県出身　右投・右打
AB型 165cm 70kg
尾山台高−石川MS (BCL)
50試合、打率.183

外野手
0
武田 竜哉《たけだ・たつや》
1991.10.2 生
埼玉県出身　右投・右打
B型 176cm 75kg
川口青陵高−日本ウェルネススポーツ専門学校−
WARRIORS41
19試合、打率.209

外野手
7
永冨 翔太《ながとみ・しょうた》
1993.10.28 生
山梨県出身　左投・左打
B型 173cm 70kg
日大明誠高
42試合、打率.284、打点10

外野手
9
森田 克也《もりた・かつや》
1990.8.17 生
愛知県出身　右投・左打
A型 175cm 78kg
愛知啓成高−愛知学院大−福井ME (BCL)
64試合、打率.355 (リーグ1位)、
打点29 ※6月度リーグ月間MVP、
16シーズンベストナイン

外野手
33
船﨑 星矢《ふなざき・せいや》
1997.4.20 生
中野市出身　右投・左打
A型 174cm 80kg
松商学園高
67試合、打率.250、打点26、
盗塁12

外野手
51
サンタナ《サンタナ・ウニオル・イスマル》
1993.9.10 生
ドミニカ出身　右投・右打
193cm 102kg
ブルワーズ (ルーキーリーグ)
20試合、打率.182

外野手
66
桑田 真樹《くわた・まさき》
1992.8.10 生
東京都出身　右投・左打
B型 180cm 80kg
桜美林高−桜美林大−
新潟アルビレックスBC (BCL)
53試合、打率.246、打点20

外野手
80
島袋 涼平《しまぶくろ・りょうへい》
1989.9.1 生
大阪府出身　右投・左打
O型 186cm 96kg
おかやま山陽高−
ブレーブス (ルーキー、ルーキーアドバンスド)−
富山TB−石川MS (BCL)
71試合、打率.341、打点52、本塁打5

投手 (練習生)
保科 大樹《ほしな・だいき》
1996.5.20 生
茅野市出身　右投・右打
A型 176cm 76kg
岡谷工業高

内野手 (練習生)
小林 優太《こばやし・ゆうた》
1993.4.5 生
群馬県出身　右投・両打
167cm 78kg
前橋工業高−東京福祉大−
全浦和野球団

2017 SEASON

監督
78
本西 厚博《もとにし・あつひろ》
1962.5.15 生
長崎県出身　右投・右打
AB型 175㎝ 83kg
瓊浦高−三菱重工長崎−阪急−オリックス−阪神−日ハム−ロッテ

野手総合コーチ
76
南渕 時高《みなみぶち・ときたか》
1965.10.29 生
大阪府出身　右投・右打
AB型 170㎝ 78kg
天理高−青山学院大−東芝−ロッテ−中日−オリックス

投手コーチ
77
有銘 兼久《ありめ・かねひさ》
1978.9.27 生
沖縄県出身　左投・左打
B型 180㎝ 78kg
浦添商業高−大仙−九州三菱自動車工業−近鉄−楽天

投手
11
仲野 進也《なかの・しんや》
1995.10.12 生
大阪府出身　右投・右打
A型 182㎝ 72kg
日本航空高−大阪体育大−群馬DP(BCL)
15試合 (31回2/3) 3勝2敗0S、防御率5.97

投手
13
名取 泰誠《なとり・たいせい》
1997.3.15 生
茅野市出身　左投・左打
A型 176㎝ 70kg
東海大三高
16試合 (26回2/3) 1勝1敗0S、防御率2.36

投手
14
樫尾 亮磨《かしお・りょうま》
1993.7.24 生
千葉県出身　左投・左打
A型 178㎝ 80kg
敬愛学園高−TOKYO METS−群馬DP (BCL)−千葉熱血メイキング
25試合 (133回) 13勝 (リーグ1位) 4敗0S、防御率3.59

投手
15
寺本 悠眞《てらもと・ゆうま》
1994.12.23 生
兵庫県出身　右投・右打
A型 187㎝ 93kg
興國高−東海大
6試合 (6回) 0勝0敗0S、防御率13.50

投手
17
漆戸 駿《うるしど・すぐる》
1994.10.25 生
箕輪町出身　右投・右打
O型 178㎝ 80kg
地球環境高−京都学園大
2試合 (2回) 0勝0敗0S、防御率4.50

投手
18
高井ジュリアン《たかい・じゅりあん》
1996.11.15 生
南箕輪村出身　右投・左打
O型 176㎝ 81kg
東海大三高
27試合 (117回) 12勝 (リーグ2位) 2敗0S、奪三振95、防御率2.08
※5月度リーグ月間MVP、17シーズンMVP

投手
19
先生 優成《せんじょう・ゆうせい》
1993.9.25 生
静岡県出身　右投・右打
O型 182㎝ 85kg
相良高−平成国際大
38試合 (43回) 1勝0敗0S、防御率3.35

投手
20
佐々木 勝一《ささき・しょういち》
1990.1.16 生
神奈川県出身　右投・右打
O型 180㎝ 107kg
帝京第三高−ウェルネス彩−信濃GS−福井ME (BCL)
18試合 (50回) 4勝4敗0S、防御率4.86

投手
21
浅見 修兵《あざみ・しゅうへい》
1994.3.2 生
埼玉県出身　右投・右打
B型 181㎝ 65kg
本庄東高−東京国際大−新波
30試合 (42回2/3) 3勝2敗0S、防御率3.59

投手
30
ペレス
カルロス・ペレス
1991.11.20 生
ドミニカ出身　左投・左打
A型 189㎝ 95kg
ブレーブス (2A)−福島ホープス−巨人
3試合 (2回2/3) 0勝0敗0S、防御率13.50

投手
31
山﨑 悠生《やまさき・ゆうせい》
1993.6.12 生
高知県出身　左投・左打
AB型 173㎝ 78kg
ウィザスナビ高−高知FD (四国IL)−群馬DP (BCL)
37試合 (44回1/3) 0勝2敗21S (リーグ1位)、防御率2.23

投手
41
中村 雅志《なかむら・まさし》
1993.6.3 生
栃木県出身　右投・右打
B型 184㎝ 82kg
佐野日大高−作新学院大
2試合 (2回) 0勝0敗0S、防御率0.00

投手
48
バンバン
ウイルトン・ロドリゲス
1990.11.6 生
ドミニカ出身　右投・右打
193㎝ 103kg
ヤンキース (1A) ほか
11試合 (20回2/3) 0勝2敗1S、防御率6.97

投手
51
伴 和馬《ばん・かずま》
1990.2.24 生
愛知県出身　右投・左打
O型 179㎝ 85kg
香川OG−愛媛MP (四国IL)−トプコファルコンズ (台湾)
6試合 (5回1/3) 0勝0敗0S、防御率13.50

投手
55
ロン (張竣龍)
チャン・チュンロン
1993.5.20 生
台湾出身　右投・右打
B型 176㎝ 88kg
国立体大−台東紅珊瑚 (台湾)
17試合 (90回2/3) 10勝5敗0S、防御率2.98

投手
66
モンテーロ
モンテーロ・ジョアン・ダニエル
1988.10.26 生
ドミニカ出身　右投・右打
O型 184㎝ 95kg
パイレーツ (2A)−米独立リーグ ほか
6試合 (12回1/3) 0勝0敗0S、防御率7.30

捕手
6
松山 翔吾《まつやま・しょうご》
1997.6.12 生
福岡県出身　右投・右打
A型 175㎝ 84kg
横浜商科大学高−千葉熱血メイキング
12試合、打率.273

捕手
24
柴田 悠介《しばた・ゆうすけ》
1991.4.4 生
愛知県出身　右投・右打
O型 173㎝ 79kg
中京大中京高−明治大−静岡ガス
71試合、打率.323、打点58

内野手
1
大平 成一《おおひら・せいいち》
1989.4.8 生
長崎県出身　右投・左打
A型 185㎝ 88kg
波佐見高−日本ハム
71試合、打率.328、本塁打9、打点62

内野手
2
西田 崇晃《にしだ・たかあき》
1991.5.21 生
大阪府出身　右投・右打
O型 172㎝ 77kg
神港学園高−大和侍レッズ−紀州レンジャーズ
65試合、打率.265、打点33、犠打11

内野手
3
ライ (加藤 頼)《かとう・らい》
1995.7.25 生
諏訪市出身　右投・両打
A型 169㎝ 62kg
地球環境高−福井ME (BCL)
63試合、打率.272、打点22、盗塁19

内野手
4
中川 翔《なかがわ・しょう》
1991.8.22 生
兵庫県出身　右投・左打
A型 164㎝ 60kg
神港学園高−大阪学院大−姫路Go To WORLD−武蔵HB (BCL)
61試合、打率.236、打点18、犠打15、盗塁11

内野手
5
新村 涼賢《にいむら・りょうけん》
1992.4.2 生
辰野町出身　右投・左打
A型 172㎝ 72kg
長野日大高
69試合、打率.313、打点34、盗塁13

内野手
23
田島 光《たじま・ひかる》
1995.3.3 生
東京都出身　右投・左打
O型 176㎝ 68kg
湘南学院高−神奈川工科大
39試合、打率.246

内野手
25
山本 雄大《やまもと・ゆうだい》
1996.6.17 生
三重県出身　右投・右打
B型 173㎝ 69kg
松坂商業高−鳥開ベースボールクラブ
6試合、打率.250

内野手
74
ジェウディー
ジェウディー・バルデス
1989.5.5 生
ドミニカ出身　右投・右打
A型 180㎝ 87kg
パドレス(2A)−カブス(2A)−富山TB (BCL)
64試合、打率.256、本塁打10、打点40

外野手
0
武田 竜哉《たけだ・たつや》
1991.10.2 生
埼玉県出身　右投・右打
B型 177㎝ 77kg
川口青陵高−日本ウェルネススポーツ専門学校−WARRIORS41
41試合、打率.278

外野手
7
永冨 翔太《ながとみ・しょうた》
1993.10.28 生
山梨県出身　左投・左打
B型 173㎝ 73kg
日大明誠高
66試合、打率.261、打点20

外野手
9
森田 克也《もりた・かつや》
1990.8.17 生
愛知県出身　右投・左打
A型 175㎝ 76kg
愛知啓成高−愛知学院大−福井ME (BCL)
69試合、打率.337、打点56

外野手
16
川村 大地《かわむら・だいち》
1996.1.15 生
沖縄県出身　右投・右打
B型 180㎝ 75kg
普天間高−TOKYO METS
13試合、打率.182

外野手
29
小林 峻《こばやし・しゅん》
1996.2.10 生
小諸市出身　右投・両打
A型 178㎝ 77kg
上田西高−千曲川硬式野球クラブ
54試合、打率.309、打点28

外野手
33
船﨑 星矢《ふなざき・せいや》
1997.4.20 生
中野市出身　右投・左打
A型 175㎝ 78kg
松商学園高
52試合、打率.232、打点29

外野手
80
パク (朴 世俊)
パク・セジュン
1992.7.1 生
韓国出身　右投・右打
B型 189㎝ 99kg
開城高−KIAタイガース (韓国)
15試合、打率.148

MEMORIAL PHOTO GALLERY
2015-2017

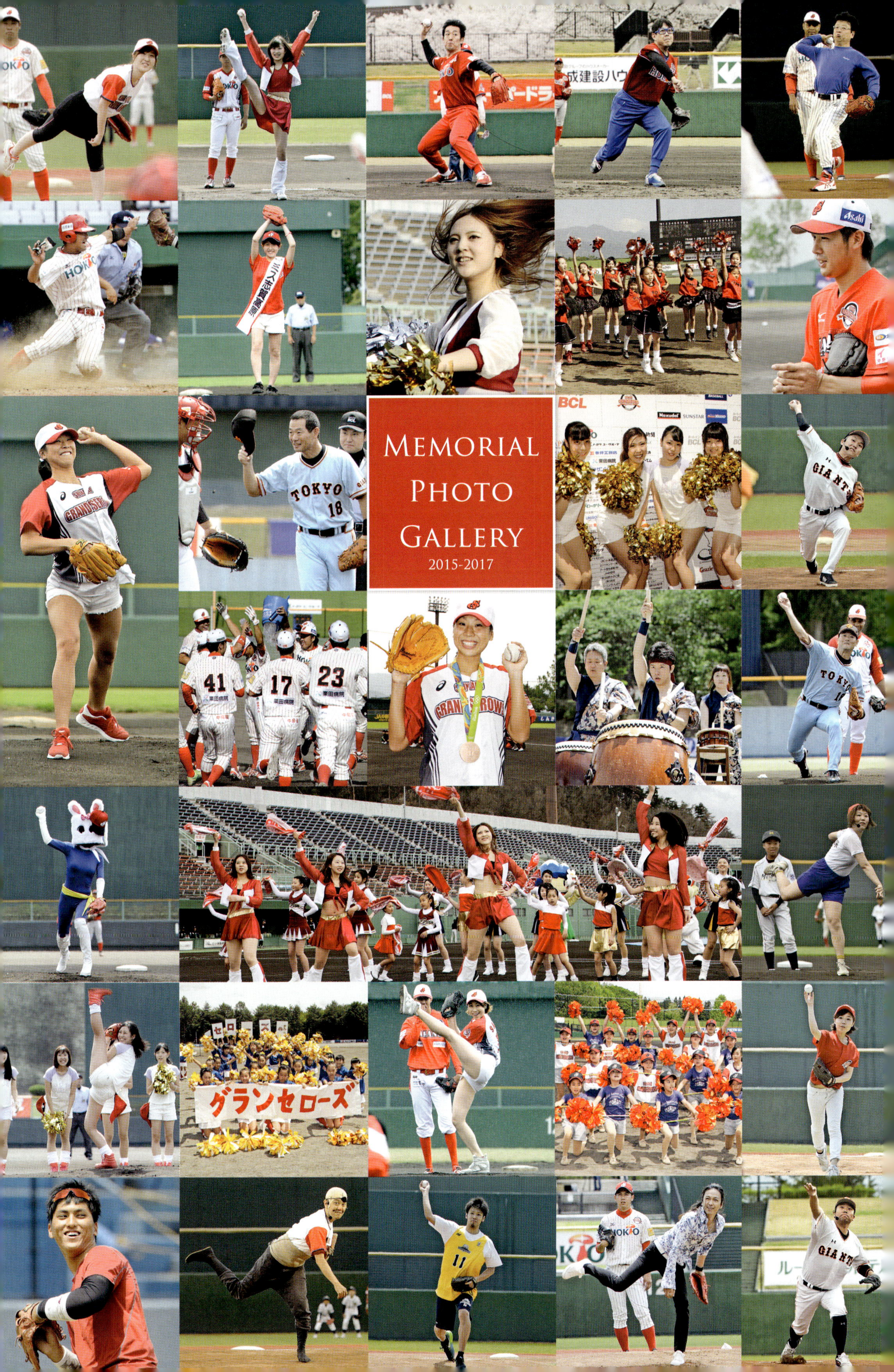

NAKANO
HOKTO
HOKTO
CHAMPIONS
INA

NAKANO
HOKTO
89

信濃グランセローズ
優勝記念グラフ ~11年間の軌跡

2018年4月20日　初版発行

編　　者　信濃毎日新聞社

発　　行　信濃毎日新聞社
〒380-8546 長野市南県町657
メディア局出版部　TEL 026-236-3377
地域スポーツ推進部 TEL 026-236-3385

印刷製本　亜細亜印刷株式会社

取　　材　信濃毎日新聞社地域スポーツ推進部
斎藤寿子
永田遼太郎

写真提供　井堀悦郎

協　　力　株式会社長野県民球団

制作協力　ボロンテ。
株式会社シード

定価:本体 1,111円+税

乱丁・落丁は送料弊社負担でお取り換えいたします。
ISBN978-4-7840-7326-9 C0075